La Sainte Baume

La Sainte Baume

Chemin de pèlerinage de sainte Marie-Madeleine

De Vézelay à la Sainte Baume

Puis écosite sacré du monastère saint Michel du Var

- 810 km -

❃

Partie nord:

Vézelay-Firminy (Saint-Etienne)

- 335 km -

Partie sud:

De Saint-Étienne à La Sainte Baume

- 410 km -

L'après:

De la Sainte Baume au monastère saint Michel du Var

- 65 km -

❃

Edition Février 2024

ISBN: 978-2-494-773-07-3
ISSN: 2609-3820

Le chemin de la Sainte Baume

La dénomination d'un chemin a-t-elle une influence sur le marcheur ?
Ou, à l'inverse, le marcheur choisit-il son chemin en fonction de sa dénomination. Assise, Compostelle : cela a-t-il un sens ?
Celui qui « fait » Saint Jacques de Compostelle est-il le même que celui qui « fait « le GR20 ?
Le pas du pèlerin n'est pas celui du randonneur et la quête se révèle différente pour chacun.

Le pèlerinage vers Compostelle tient une place prépondérante dans l'imaginaire des pèlerins. Dans l'imaginaire, et dans la pratique puisque c'est l'itinéraire le plus connu et le plus largement emprunté. Que savons-nous vraiment de Saint Jacques le Majeur et de sa vie : sa place dans l'Église justifie-t-elle un si long chemin et une si forte dévotion ?
Devons-nous savoir qui était ce personnage assez subalterne avant de se mettre en marche vers ses reliques ?
Non, bien sûr. Ce n'est pas ce Jacques-là qui va vous lancer sur les routes. A chacun son chemin, à chacun sa motivation, sa quête. Néanmoins, on ne peut contester une recherche spirituelle, un désir d'introspection, de retour vers soi, vers sa source, qui nous animent et vont nous pousser vers cette aventure personnelle.

Mais pourquoi un nouveau chemin de pèlerinage ?

La nouveauté, bien sûr, l'aventure, aussi, une alternative offrant une marche paisible et solitaire, loin des flux jacquaires dont certains commencent à se lasser. Un nouveau chemin va offrir une part de mystère, le plaisir de la découverte. Les premiers pèlerins seront des pionniers et non des habitués, non des clients potentiels guettés à chaque étape, invités devant chaque gîte. Notamment en Espagne où, au dire de certains marcheurs, parfois des dérives commerciales semblent vouloir prendre trop de place.

Pourquoi Marie-Madeleine ?

Si Jacques le Majeur est un personnage assez mineur au sein du christianisme, contrairement à Jacques le Mineur, Jacques le Juste, le véritable premier chef de l'Église au protoconcile de Jérusalem mais dont la figure s'est effacée au profit de Pierre, Myriam de Magdala est bien, elle, une personnalité majeure de la spiritualité chrétienne. Prostituée, pécheresse pour certains, elle est aussi, notamment dans tout le monde chrétien orthodoxe, l'apôtre des apôtres, la première des apôtres, celle qui a reçu la meilleure part de l'enseignement de Jésus, celle qu'il a choisie pour apparaître ressuscité et lui faire annoncer aux apôtres la Bonne nouvelle ! Non, ce n'est pas rien et avec elle c'est toute la place de la femme dans l'Église qui s'affirme et prend de l'importance.

La tradition évoque la présence de Marie-Madeleine au premier siècle en Provence, en compagnie de Lazare, de la famille de Béthanie. Elle aurait vécu les dernières années de sa vie dans la grotte de la Sainte Baume, faisant de ce lieu un des pèlerinages majeurs du christianisme, avec Compostelle, Lourdes et Rome. Ses restes furent vénérés à Saint-Maximin la Sainte Baume, un temps à Vézelay. Si nous n'avons aucune certitude sur sa présence historique en Provence, ce qui est sûr, c'est qu'aujourd'hui elle y est bel et bien. Et ce chemin lui rendant hommage va conforter cette vieille tradition.

Au Moyen-âge, existait un pèlerinage de Paris à Vézelay. Certains en mal d'expiation, le parcouraient à genoux, dit-on. Ce trajet est connu et accessible. Il s'agit donc de prolonger cet itinéraire antique et traverser la France du nord au sud jusqu'à la mythique grotte.
Vézelay et sa colline éternelle, ce site inspiré et lumineux, vivant et animé, sera donc le point de départ de cette aventure nouvelle.

Le Morvan, le Charolais, les rives de la Loire puis ses gorges, la haute-Ardèche, la traversée du Rhône, la Drôme, le Vaucluse, les dentelles de Montmirail, le Lubéron, le pays d'Aix et la Sainte-Victoire : que de paysages superbes et sauvages à découvrir au rythme de vos pas. Vézelay, Paray le Monial, Boucieu, Mirmande, Vaison, Gordes, Bonnieux et Lourmarin, Aix : de magnifiques villes et villages, La basilique Notre Dame d'Ay sur son piton, l'abbaye de Sénanque blottie dans son vallon, Silvacane au bord de la Durance, qui font de notre patrimoine un des plus beaux du monde. Et là, c'est à pied qu'on va le rencontrer, en ayant le temps de le sentir, de le vivre. En prenant notre temps, seul, en couple, en groupe. A chacun son chemin. A chacun son rythme, son pas, sa curiosité.

Arrivé au terme de votre aventure, à la Sainte-Baume, vous déciderez de clore ce moment pour retrouver votre foyer, vos amis, le quotidien, ou bien, aurez-vous envie de prolonger un peu la route pour vous poser quelque part, en paix, pour un temps, hors du temps. Vers Brignoles, Carcès, puis le monastère Saint Michel du Var, près de Lorgues, lieu d'accueil, de retraites, écosite sacré pour préserver la nature, et dépositaire de reliques de Marie-Madeleine.

L'éveil d'un nouveau chemin

Contrairement aux autres chemins de pèlerinage existants et largement empruntés depuis des années, offrant au marcheur une logistique dense (gîtes, restauration, balisage fréquent et entretenu), pour un confort non négligeable, celui-ci vous demandera une préparation plus précise quant aux étapes. En effet, autant que possible, nous donnons des renseignements sur les capacités locales mais elles sont moins nombreuses. Parfois rares. Quelques gîtes d'étapes, notamment quand vous emprunterez les GR, mais pas en nombre suffisant.

Il faudra avoir recours au logement chez les particuliers au moyen de plateformes de location. Ce type de logement est proposé à peu près partout, malgré certaines zones faibles, et il est fluctuant selon les saisons, les années. Prévoyez et réservez bien à l'avance car vous pourriez avoir de mauvaises surprises si vous attendez le dernier moment… Vous pouvez contacter la mairie du lieu choisi car des gîtes communaux peuvent apparaître ou disparaître d'une année sur l'autre. Nous avons noté quelques adresses mais libre à vous de faire votre choix selon vos goûts et votre budget. Appartement, chambre, maison, roulotte…
Des campings présentent parfois des dortoirs tout à fait convenables. Et puis, des bivouacs, pourquoi pas, si vous choisissez le mode routard. Si le camping sauvage est souvent interdit, un bivouac pour la nuit est envisageable. On peut demander l'autorisation au propriétaire qui ne refusera pas cette hospitalité discrète à un pèlerin respectueux de la nature et laissant place nette à son départ.

Où dormir ?

Chacun choisira selon le confort souhaité et selon son budget. Les temps ont changé et le dortoir n'est plus la norme. De nombreux sites en ligne vous proposent des chambres d'hôtes ou location à la nuitée: nous n'avons pas répertorié toutes les possibilités pour chaque étape car les propositions sont aléatoires et variables selon les saisons. Le mieux est de visiter ces sites et de réserver, de préférable bien à l'avance et pour tout votre trajet. Les sites les plus connus sont AirBnb, Booking, Gîtes de France, B&B France, Rando-étape, Clévacances, Accueil paysan, roomlala.fr (chambres chez particulier), et aussi Ephatta, site d'accueil chrétien. Vous pourrez parfois y trouver une table d'hôte, le repas du soir assuré par l'hôte, ou bien un équipement pour préparer vous-même votre repas. En général, les draps et serviettes sont compris, mais à vérifier néanmoins.

Dans la mesure du possible, essayez d'éviter de vous trouver dans des lieux très touristiques le week-end ou les jours fériés car l'offre sera plus restreinte. D'autant plus dans des zones faiblement pourvues.
Il est possible parfois de devoir vous dérouter un peu pour trouver un logement. Nous espérons qu'avec le temps et la fréquentation, l'offre se développera tout au long du chemin.

Où manger ?

Les pages de ce guide mentionnent les possibilités d'accueil, de restauration (alimentation, auberge, bar), les commerces, l'eau potable. La plupart des villages traversés vous proposeront de quoi vous nourrir : magasin d'alimentation, boucher-traiteur, boulangerie, restaurant. Le pique-nique en pleine nature est un moment bien apprécié de votre journée. On ne laisse pas de traces : prévoyez un petit sac pour les détritus. À noter que l'épisode Covid a laissé des séquelles dans le monde rural et de nombreux commerces ont fermé ! Soyez prévoyants et gardez dans votre sac de quoi préparer un repas.

Boire en chemin

Prévoyez une réserve d'eau dans votre sac et buvez souvent. N'attendez pas d'avoir soif : quelques gorgées tous les quarts d'heure quand il fait chaud permettront une bonne hydratation et préviendront les courbatures et autres crampes. 2l suffisent souvent, d'autant plus si vous faites des pauses boisson en route. 3l quand il fait très chaud. C'est du poids supplémentaire alors calculez vos besoins. L'eau des fontaines est souvent non potable : faites attention.
Repérez bien les cimetières ! Non, rien de morbide, mais sachez que vous y trouverez toujours un robinet d'eau potable. Cela vous sera souvent utile.

Comment trouver votre chemin ?

Modernité et technologie obligent, il n'est plus nécessaire de transporter des cartes. Elles seraient trop nombreuses et vous alourdiraient inutilement.
Un balisage existe sur tout le trajet, mais il est aléatoire et peut avoir été retiré ici et là. Présent, il vous rassurera d'être sur la bonne voie mais n'est pas suffisant à lui seul. Respectueux de la nature, nous avons choisi une marque discrète, non envahissante, et ne se superposant pas aux autres tracés. Si vous savez que vous devez suivre un GR ou une piste VTT pendant 10km, il suffit de suivre son balisage. Le GR est prioritaire.
Si le chemin de Compostelle offre un balisage nombreux, c'est au prix d'une logistique très lourde. Tout doit être contrôlé, remplacé, chaque année, pour être fiable. C'est encore possible grâce aux nombreuses associations jacquaires régionales et départementales. Pour combien de temps encore ? Le chemin de la sainte Baume est un bébé chemin et il faut lui laisser le temps de grandir.
Ici, votre guide principal sera dans votre téléphone.
Les trajets cartographiés sont disponibles en flashant les QR codes proposés. C'est précis et bien pratique.
Pour davantage de précision encore, nous avons choisi l'application Openrunner, bien connue des randonneurs et des cyclistes. Chargez-là sur votre smartphone et accédez alors aux traces gpx qui vous guideront pas à pas avec votre position gps sur la carte. Vous serez dans de bonnes mains.
Il sera aussi facile de vous dérouter en fonction des offres d'accueil sans perdre le fil du chemin.

Longueur des étapes

Organisez votre chemin à votre convenance. Il n'y a pas d'étapes imposées, sauf nécessités d'accueil, et nous mentionnons des villages pour possibles étapes tous les 5 à 10 km.

Prévoyez des étapes plus courtes au début, moins de vingt kilomètres. Il faut préparer son corps à ce long effort. Tirer trop vite et trop fort sur la mécanique peut vous exposer à quelques maux en retour: tendinites ou problèmes musculaires. Ensuite, selon votre condition physique, votre humeur, le profil du trajet, vous pourrez allonger vos étapes. 25 à 30 kilomètres par jour, cela semble tout à fait raisonnable.
N'additionnez pas trop d'étapes plus longues sans temps de récupération: il faut tenir dans la durée et l'enthousiasme du début ne peut rien contre des mollets récalcitrants.
Marcher sur les berges de la Loire ou bien dans les monts de l'Ardèche, ce n'est pas tout à fait pareil. Ce sera raide après Bourg-Argental et tout plat en Pays d'Aix ou en bord de Loire. Vous disposez du profil de chaque étape et des calculs des dénivelés pour jauger de vos aptitudes et décider de votre kilométrage.
Et puis, pourquoi ne pas faire de temps en temps une pause d'une journée et profiter du calme et de la beauté d'un lieu : vous êtes pressé ?

Le matériel

Si vous avez l'habitude de marcher, nous n'avons rien à vous apprendre. Prévoyez impérativement de bonnes chaussures en ayant pris soin de vous y faire au préalable. Pas de chaussures neuves le jour J! Pas de vieilles non plus: elles peuvent paraître en bon état mais la semelle a compté les kilomètres et vous le fera savoir, mais trop tard. Confortables et adaptées au trajet, vous pouvez envisager le zéro ampoule aux pieds avec des chaussures ad-hoc. Faites-vous conseiller en magasin spécialisé au besoin.
Un sac à dos « technique », ni trop grand ni trop petit. Un modèle 40l convient habituellement. Essayez avant et faites-vous conseiller au besoin pour les réglages.

Tout dépend aussi de ce que vous y mettrez dedans, selon que vous êtes en autonomie complète ou pas, tente et couchage ou pas. Il faut faire impérativement une chasse intransigeante au superflu pour obtenir un sac plein pesant moins de 15% de votre poids. Comme on y arrive assez vite, il faut être vigilant. Inutile de prendre au-delà d'un jeu de vêtement de rechange, choisissez des tissus synthétiques plus légers et séchant plus rapidement (vous allez faire votre petite lessive tous les jours en arrivant. Il faut que cela soit sec le lendemain matin). Peut-être une tenue moins « routard » si vous choisissez l'option restaurant le soir. On peut être à la fois pèlerin et apprécier la bonne chère. Le confort ne gâche rien ! A chacun son chemin !
Quelques médicaments en cas d'urgence (vous trouverez des pharmacies sur votre chemin, vous ne traversez pas de désert !), des pansements anti ampoules type Compeed, une crème pour les pieds s'ils sont sensibles, un repas tout prêt au cas où..., des barres énergétiques ou pâtes d'amande, une batterie de téléphone, un chargeur, une crème solaire anti u-v, un couteau, des couverts en bambou, une cape de pluie, un chapeau, des bâtons de marche télescopiques, une réserve d'eau (préférez les poches intégrées dans le sac à dos, 2l ou 3l)... la liste peut être longue. Privilégiez drastiquement l'indispensable. Encore une fois, dites-vous bien que vous n'allez pas en Mongolie.

La route ou le chemin?

Alterner les types de sols est une bonne chose pour le confort dans la durée. Si on ne peut envisager 800km uniquement sur de la terre, la même chose sur bitume n'aurait pas de sens. Pas d'a priori ni de dogmatisme, privilégions la variété et le pragmatisme, l'efficacité, le confort et le plaisir.
Quand il s'est agi de créer notre tracé, notre grande surprise fut de constater que l'essentiel se faisait sur des chemins bien adaptés à ce type de marche, souvent à l'ombre, en terre, quelque fois même en pleine végétation, ou des petites routes tranquilles peu fréquentées. Très rares sont les portions

désagréables avec une circulation importante, absentes sont les déprimantes zones industrielles. Chance offerte qui ajoute au charme de cet itinéraire.
Autre bonne surprise si les chemins empruntés existent déjà la plupart du temps sous la dénomination de GR, GRP et autres, nous y avons rarement croisé des marcheurs mais plus souvent des animaux. C'est donc bien le calme et la solitude, propres à la méditation et l'introspection qui vous attendent.
Parmi les points noirs que nous n'avons pu éviter la « nationale 7 » entre Livron et Loriol. Heureusement, vous n'y resterez pas longtemps. Vous penserez à cette route mythique de votre enfance, ou celle de vos parents, celle des vacances avant la création de l'autoroute A7, et ses embouteillages dantesques Une association tente de sauvegarder les restes de cette époque, notamment les publicités peintes à la main sur les murs longeant la route.
Le segment entre Rognes et Aix en Provence, autre point noir : du bitume et une circulation se densifiant vers l'arrivée. Pas d'alternative car le domaine public est restreint. Vous vous direz alors que vous êtes proches du but et que la merveilleuse ville d'Aix en Provence vous attend pour une étape de choix.
De façon générale, cet itinéraire ne peut vous proposer que des chemins publics. Des propriétaires verraient peut-être d'un mauvais œil des marcheurs chez eux. Cela oblige parfois à de petits détours alors qu'un chemin privé est plus évident. Vous ferez au mieux, carte en mains et en fonction des notifications d'interdiction...
De magnifiques étapes vous attendent, que ce soit en marchant sur la terre, souvent, le bitume aussi, les cailloux, parfois, et vous ne vous lasserez jamais de ces paysages splendides. Si vous n'êtes pas en chemin pour faire du tourisme, si vous ne comptez pas aller de monuments en sites classés, d'églises en abbayes, laisser-vous envoûter par la seule nature. C'est assurément un point fort et un atout de ce chemin de la Sainte Baume. Un chemin de beauté simple et parfois bouleversante. Vous êtes là pour ça, après tout.

Les punaises de lit: nouvelles rencontres sur votre chemin?

Attention aux punaises de lit: on les rencontre de plus en plus souvent, mais surtout dans les hébergements collectifs. Peu de risques dans les logements individuels. Prenez néanmoins vos précautions. Ne posez pas votre sac sur le lit. Dans certains gîtes collectifs, on pourra vous interdire d'amener votre sac dans la chambrée. Spray anti-punaises en chemin si vous en rencontrez. Lessive à 60°, dépose des vêtements 2 jours dans un congélateur, les charmantes bestioles ne résisteront pas mais attention : la durée d'incubation des œufs est de 20 jours.
Parlons aussi d'autres visiteurs désagréables : les tiques.
Gare aux herbes hautes. Une bonne partie du chemin se fait à l'ombre des arbres. Là où le passant est attendu ! Ces petites bêtes ne semblent attendre qu'une chose, c'est vous piquer pour prélever un peu de votre sang. Sauf qu'elles peuvent véhiculer la maladie de Lyme et il vaut mieux éviter. Faites la chasse tous les soirs au moment de la douche : les plis (bras, genoux), les bourrelets, les cheveux. Prévoyez absolument un chapeau !

Partir en vélo ?

C'est une option possible. La plus grande partie du tracé est accessible en vélo. Quitte à le pousser parfois, mais, somme toute, assez rarement. Électrique ou musculaire : selon votre condition physique. Du reste, vous cheminerez parfois sur des chemins et pistes dédiés au vélo.

Voilà quelques informations générales concernant le tracé de ce nouveau chemin. A vous de jouer.
Pensez à nous faire un retour sur votre expérience, vos découvertes. Nous ne cesserons d'améliorer ce guide avec une actualisation, et vos commentaires seront précieux. Soyez à la fois vigilants dans la préparation de votre projet et indulgents avec ce guide car la Sainte Baume est une aventure naissante qui n'offre pas toutes les possibilités de confort d'autres chemins célèbres et éprouvés par une pratique longue et ancienne.
A Vézelay, vous serez plongés dans l'ambiance jacquaire et rencontrerez de nombreux pèlerins. Profitez de cette ville sublime. On ne l'appelle pas colline éternelle pour rien. Alors, bienvenue à Vézelay, et maintenant, place à l'aventure, place au chemin de la Sainte Baume !
Tout commence en quittant Vézelay.

I

De Vézelay à Paray le Monial

VÉZELAY

Dist.	Dist. cum.	Altim
0	0	360

On arrive à Vézelay en venant de Paris par le train, via Avallon ou Auxerre, gare de Sermizelles à 10km, puis un mini bus vous convoie jusqu'en ville. Ville très touristique, vous n'aurez aucune difficulté pour trouver de quoi vous nourrir et vous loger. Il est recommandé de réserver les logements à l'avance car il se tient souvent des sessions ou conférences. Hors dortoirs, le couchage n'est pas donné partout !

Hôtels

Le Compostelle: 03 86 33 28 63
le.compostelle@wanadoo.fr.
17 place du Champ de Foire 18 chambres.
7/7, de 60 à 80€ pour deux. Fermeture déc et janv.

Le relais du Morvan: 03 86 33 25 33
lerelaisdumorvan@ gmail.com
45 place du Champ de Foire. 16 chambres.
7/7, de 74 à 104€ pour une à quatre personnes.

Les Glycines: 03 86 47 29 81
sylesglycines@gmail.com
33 rue Saint Pierre. 13 chambres de de 76 à 181€

Gîte de groupe

La colline: 09 86 11 68 17
adpv@neuf.fr
79 rue saint Pierre.
14 places en 6 studios, réservation 4 personnes minimum.
35€ pour une personne, 45€ pour deux.

La maison du pèlerin Centre Marie-Madeleine: 03 86 33 22 14
hotellerie@basiliquedevezelay.org.
Rue Saint Pierre.
18 personnes pour 2 dortoirs.
Libre participation. Réservation.

AirBnB/Booking: des offres, à Vézelay ou à proximité.

Auberge de jeunesse-camping municipal de l'ermitage:
03 86 33 24 18 - aubergecampingvezelay@gmail.com
Route de l'étang.
22 places en deux dortoirs. 4 studios pour 17 places.
À partir de 14€ par personne. D'avril à octobre.

Camping municipal de Saint-Père: 03 86 33 36 58.
D'avril à octobre.

Camping du Pâtis à Asquins: 03 86 33 30 80.
Toute l'année. Camping ou roulottes.

Alimentation:
vous trouverez de nombreux commerces, artisans ou supérettes.

Restaurants: traditionnels ou rapides. Pour tous les goûts.

À Vézelay, on produit du vin blanc de bonne qualité en AOC Vézelay. Il y a même un domaine Sainte Madeleine ! En bio. Comptez quinze à dix-sept euros pour le 2022.
Alors, buvez un verre à la santé des marcheurs !
Avec modération car vin blanc et marche à pied ne font pas toujours bon ménage.

VÉZELAY - DOMECY SUR CURE

Dist.	Dist. cum.	Altim
10	10	217

Pour quitter Vézelay, prendre la direction de Saint Père via la D957. Très vite, dans le virage à gauche part le GR13 que vous allez suivre. Le balisage commence ici. Le nôtre en compagnie de plusieurs autres.
Pierre-Perthuis
Saint André en Morvan

Domecy sur cure:
Jonathan (airbnb)

Pour le département de la Nièvre:
consultez le site
www.nievre-tourisme/
ou-dormir

DOMECY - CHASTELLUX SUR CURE

Dist.	Dist. cum.	Altim
10	20	360

GÎTE

Gîte Augueux: 03 86 34 22 71

CHASTELLUX SUR CURE - MARIGNY L'ÉGLISE

Dist.	Dist. cum.	Altim
6	26	319

Petit village bien agréable, idéalement placé à 25 km de Vézelay pour une première étape.

Restaurant **l'Auberge du Crescent:** 04 52 09 29 84 (multiservices-épicerie). Accueil très sympathique
Vous pourrez demander un repas à emporter si vous dormez ici.
Le gîte communal n'existe plus mais il y a différentes possibilités d'accueil:

Chez Quentin: 06 77 03 18 10
accueil pèlerin uniquement (donativo) couchage et repas.
6 personnes (chambre 4 lits simples et une chambre lit double)

Chez Lulu: 06 70 01 79 51
++ 7 place de l'Eglise
4 à 5 places, coin repas cuisine.
30€/1 50€/2 65€/3 80€/4. réserver+

Chez Sophie: 06 99 07 75 31

Gîte de l'auge (gîtes de France, Amivac): 06 43 14 29 35
3 chambres, 7 personnes. 220€
Le Gîte de l'Auge | Les Gîtes Du Mont | France

Gîte du Cloiseau: 06 43 14 29 35 - 81 à 92€
Le Gîte du Cloiseau | Les Gîtes Du Mont | France

Gîte sur GR « **La chaume aux renards** » : 06 85 01 45 31
pour groupe. AirBnB

Chalet du lac
4 route de Chastellux - Lauret- Marigny. 380€ pour 4 chambres
Chalet du lac | Nièvre Tourisme (nievre-tourisme.com)

MARIGNY L'ÉGLISE - GÎTE DE LA CHAUME

Dist.	Dist. cum.	Altim
4	30	350

Après Les Iles Ménéfrier,
Gîte sur GR « **La chaume aux renards** » : 06 85 01 45 31, pour groupe. AirBnB, gîtes de la Nièvre
On laisse le GR13 pour le GRP Tour du Morvan
En cas de difficulté pour vous loger à Marigny, il faut pousser jusqu'aux Lavauts, 5km de plus. Facile en vélo, à réfléchir si marche.

Anaïs: 06 60 22 95 43 - filipendule123@gmail.com
propose une chambre au RDC et un gîte pour 8 à l'étage, avec possibilité de repas. Un très bon restaurant est à deux pas: peut-être vaut-il le détour pour les gourmands !

Auberge de l'âtre: 03 86 32 20 79
contact@auberge-de-latre.com
restaurant + sept chambres de 72€/1 à 115€/3

LA CHAUME - MAZIGNIEN COUTÔLLES

Dist.	Dist. cum.	Altim
7	37	420

A Mazignien la Velle: stèle en mémoire du maquis Camille

Gîte l'Huis du Bout
au barrage de Chaumeçon 3km après Mazignien
Camping, lac. (L'Huis Rabeux, Plainefas)
gitelacdechaumecon@gmail.com • www.lac-chaumecon-gite.fr

LA CHAUME - BRASSY

Dist.	Dist. cum.	Altim
13	43	425

Quitter le parc de loisirs en longeant la rive est du lac avec la D235, direction Brassy

Alimentation, dépôt de pain, restaurant (Hôtel du Nord)

Hôtel du Nord: 03 86 22 28 94
centre bourg. 86€/2 102€/3 123€/4 Petit-déj: 9€

La ferme des Soyes: 06 09 22 12 81
9 rue du Pré des Soyes. 60€/3 75€/4

Le gîte La courroie: 03 86 22 20 00
5ch 15pers.

Gacogne:
Gîte des sources (AirBnB)

Gîte Les gambadesie: 03 86 22 75 25 - L'Huis au Page

BRASSY - SAVAULT

Dist.	Dist. cum.	Altim
8,5	51,5	480

Monter voir la chapelle

Gîte et chambres d'hôtes:
Savaul'Idétour: 06 88 11 22 83
mail: contact@savauldetour.fr - www.savauldetour.fr
65€/1 pers, 70€/2, 85€/3, 100€/4

SAVAULT -
OUROUX EN MORVAN

Dist.	Dist. cum.	Altim
5	58	554

Ouroux est un charmant petit village.

On a aimé **L'Hôtel le Lion d'Or:** 03 86 78 15 55
centre ville. 82€/3.
Restaurant agréable. Allez-y en toute confia

Relax au cœur du Morvan (Booking):
20 rue du Commerce 65 à 72€ /2

Ambiance (Booking):
400m du centre. 91€/2 133€/4

Camping Les genêts du Morvan: 03 86 78 22 88
camping-genets-morvan.com
Route de Lormes

OUROUX EN MORVAN - CHAUMARD

Dist.	Dist. cum.	Altim
5	63	376

Lac de Pannecière
Gîte (2 nuits mini), camping, base de loisirs
De Ouroux à Chaumard: suivre le GRP.

CHAUMARD - CHÂTEAU-CHINON

Dist.	Dist. cum.	Altim
13	76	550

Château-Chinon vous offrira de quoi vous restaurer, vous ravitailler, vous coucher. Attention à réserver un peu à l'avance car les possibilités ne sont pas si nombreuses.
On se rappellera que cette ville était le fief électoral du président François Mitterrand qui élisait domicile à l'hôtel du Vieux Morvan pour les soirées électorales.

Économique:
Hôtel du Lion d'or: 03 86 85 13 56
10 rue des Fossés.
A partir de 37€ pour une personne. 47€/2.

Petit cocon (booking)
24 Rue Jean Marie Thévenin
64€/2, 75€/4, 137€ pour 6x1 personnes

Au vieux Morvan:
8 place Gudin. 107€/2, 119€/3

CHÂTEAU-CHINON - ONLAY

Dist.	Dist. cum.	Altim
15	91	340

Sortie vers Précy.
Après Précy, suivre à gauche la D978 sur 1 km
Prendre à droite à Pont Charreau D197 puis à gauche vers Montignon (2km)
500m après Montignon: GRP Tour du Morvan à droite
2km: étang d'Yonne
2km: Fâchin camping
GRP jusqu'à Onlay

Gîte du Verger
7 rue des champs des claies
www.maisonsdevacances.
2 chambres 68 à76€ ou maison complète.
Restaurant à 100m.
Peu de possibilités de couchage mais vous pourrez pousser un peu jusqu'à Villapourçon: 8km.

Restaurant:
L'ambition: 06 51 81 68 58
Place du 8 mai.
Ouvert le soir, du jeudi au samedi.

Bibracte et le mont Beuvray

Vous êtes tout proches du Mont Beuvray.
Le chemin vous épargne l'ascension mais libre à chacun d'aller gravir cette petite montagne pour admirer de somptueux paysages, mais également pour vous plonger dans les racines de notre pays à travers l'histoire de ce lieu emblématique des Gaulois.
L'antique cité de Bibracte fut la capitale des Éduens, l'un des deux peuples majeurs de la Gaule, avec les Arvernes. Si on connaît davantage ces derniers, c'est que la façon de raconter notre histoire à travers celle des Gaulois a été modelée, au moins à une certaine époque, par des exigences politiques venues d'en haut. De l'empereur Napoléon III. Faisons une petite pause historique un tant soit peu iconoclaste et désolé pour les élèves du grand Camille Jullian (1859-1933), véritable parrain de Vercingétorix.

Le contexte: les Français sont en guerre contre les Prussiens et, pour flatter le sentiment national, il faut à tout prix s'inventer des ancêtres plus anciens que ceux des ennemis: les Germains. Or, les rois de France ont toujours rechigné à asseoir leur légitimité sur des ancêtres peu présentables comme pouvaient l'être les Francs. Mais, là, il y avait urgence. Alors, sur ordre de Napoléon III, on a ressorti des limbes de l'Histoire un obscur cavalier gaulois, supplétif romanisé des légions des césars. Oui, la Gaule était de fait une province romaine depuis au moins deux siècles. Mais il fallait dénicher une figure emblématique plus ancienne que les Germains. Va pour les Gaulois, va pour Vercingétorix.

Mais revenons à Bibracte. Là se déroula en 52 av JC une réunion de toutes les tribus gauloises qui décida de se soulever contre les Romains et d'élire un chef. Deux partis en présence: les Éduens, installés dans les vallées et vivant depuis longtemps du commerce, notamment avec Rome, et les Arvernes, repliés dans les montagnes et tenant des valeurs traditionnelles. Donc affrontement entre les anciens et les modernes, les progressistes et les conservateurs. Amusez-vous à transposer cela à notre époque actuelle, c'est intéressant!

Les « tradi » gagnent et élisent ce jeune chef fougueux. Bientôt Gergovie, belle victoire mais pourtant si proche de la défaite ! On raconte que les défenseurs de l'oppidum avaient décidé de faire la sieste malgré l'approche des Romains...

Savez-vous que la statue de Vercingétorix qui y est dressée présente les traits... de Napoléon III? Peut-on être plus explicite sur la façon de faire l'Histoire ?

Après Gergovie, les Romains sont éreintés, proche de l'anéantissement, affamés par la politique de la terre brûlée. Ils ne peuvent passer par la route du sud, bloquée par des armées gauloises et doivent obliquer vers l'est, et le Jura, le pays des Séquanes. Vercingétorix les attend à Alésia. Une Alésia dont les historiens se disputent l'emplacement, mais qui n'est certainement pas celui décrit actuellement. Nous connaissons la suite. Pourtant, cette défaite aurait pu être une victoire décisive sur les

Romains de Jules César! Les troupes gauloises lancées en masse contre des fortifications romaines toutes proches de céder, au mépris de la mort, les cadavres permettant de combler les fossés, et une armée de secours venue de toute la Gaule attendant l'ordre d'intervenir et de submerger les Romains. Mais cet ordre n'est jamais venu. La cavalerie éduenne n'a pas bougé, observant placidement les Arvernes se faire massacrer, scellant le sort de la Gaule définitivement dans l'orbite romaine.
Bibracte fut donc l'illusion d'une unité gauloise jamais réalisée.
Du reste, malgré ce sursaut identitaire, la messe était dite depuis longtemps et la Gaule déjà romanisée, tournée vers l'avenir et la modernité.
Ce désir de revenir vers la tradition, incarnée par les Arvernes, s'était nourri d'une peur du changement et de ce basculement vers le progrès. On devait déjà se dire qu'avant c'était mieux et que le repli sur soi allait nous protéger d'un monde en évolution.
Ah, l'Histoire !

(cf: Saints Gaulois et autres jolies figures oubliées.
Olivier de Lagausie Lazare et Capucine, et
« La nuit du Samain » éditions Anfortas.
« Les druides ». Jean-Louis Brunaux.

ONLAY-VILLAPOURÇON

Dist.	Dist. cum.	Altim
8	99	429

GRP Tour du Morvan
Camping

On a aimé:
Gîte de Sidonie: 06 68 50 00 81 / 06 59 60 64 93
mail: a.goujon2@orange.fr
Fragny La Velle Villapourçon
Jusqu'à 10 personnes
Deux logements:
rdc: 4 personnes, étage: 6 personnes
60€/2 15€ par personne supplémentaire.
Possibilité de commander vos repas.
Demi-pension: 20€

Le Banchot: 03 85 82 59 55
9 route des Rompas 49€

Gîte de Fragny (booking)

Chez Yann et Laure: 03 86 78 63 67
Moulin de Rangères
4 chambres indépendantes

Chambres d'hôtes **les Melogottes** (airbnb): 60€ 2 à 4 pers.

Château d'Ettevaux: www.ettevaux .fr
Château d'Ettevaux,
Chambres d'hotes et gîtes dans le Morvan

VILLAPOURÇON-LAROCHEMILLAY

Dist.	Dist. cum.	Altim
12	111	386

Gîte communal d'étape:
06 62 45 93 63 (madame Château)
03 86 30 47 65
06 26 60 33 95 (mairie. Urgence)
Nuitée: 14€+ location linge

Camping La Forêt. (booking)
Chambre double 38€

Chambres d'Hôtes Montjouan (booking)
1 route de Villapourçon.
78€/1, 86€/2. Petit-déj compris.

Restaurant de la Tour: 03 86 30 40 56

LAROCHEMILLAY - LUZY

Dist.	Dist. cum.	Altim
11	122	260

Camping

Pour dormir:

Gîte Morvan Luzy: 06 42 90 39 74
5 route de Bibracte.
2chambres 4pers - 70€ nuit

Gîte Morvan Luzy | Nièvre Tourisme (nievre-tourisme.com)

Nous avons dormi
chez Viviane (airbnb): 07 66 24 92 46
mail: viviane.hamzag@sfr.fr
deux logements: un pour trois et un pour cinq personnes (cinq lits simples) en ville. 50€. Cuisine.

L'ancien presbytère (booking)
4 rue Duvivier.
72€/2, 131€/5x1. Petit-déj: 6€

Alimentation:
supérette, supermarché Petit Casino, boulangerie, boucherie.

LUZY - ISSY-L'EVÊQUE

Dist.	Dist. cum.	Altim
10	132	323

Une boulangerie: route de Montmort

ISSY L'EVÊQUE - LA CHAPELLE AU MANS

Dist.	Dist. cum.	Altim
10	142	347

Camping sur l'étang Neuf

LA CHAPELLE - CURDIN (Gueugnon: 5km)

Dist.	Dist. cum.	Altim
5	147	294

Si vous allez à Gueugnon,
suivre la D198 en sortant de La Chapelle.
Ou bien, plus agréable, allez jusqu'à Curdin,
au lieu dit-LeTheurot suivre la rivière, Bois-curé, jusqu'en ville.
Gueugnon, petite ville offrant toutes possibilités

Hôtel restaurant La pomme d'amour: 03 85 70 66 26 (Gueugnon)
sanlhermnan@orange.fr
Soirée étape (chambre, repas, petit-déj: 40€/pers, 88€/2)

Hôtel restaurant Saint Benoit.
7 rue du Port. 60€/1, 72€/2

Au chapeau claque (booking) .
Chambres d'hôtes. 0,6km du centre.
76€/2, 95€/3 Petit-déj compris.

Camping municipal de Chazey: 03 85 85 23 11

CURDIN - RIGNY

Dist.	Dist. cum.	Altim
10	157	230

Il est possible de rejoindre la base de loisirs du plan d'eau de Chazey (camping), au sud de Gueugnon.
Après Le Theurot, prendre à gauche vers Bois Curé, Le Sauzé
On rejoint ensuite Rigny puis Paray le Monial par D238

Boulangerie

Restaurant Les Marronniers: 03 85 53 31 73

RIGNY - PARAY LE MONIAL

Dist.	Dist. cum.	Altim
12	169	241

Une bien jolie ville, animée, siège de congrégations religieuses, notamment la communauté de l'Emmanuel. Vous trouverez tout le nécessaire pour une étape confortable

Maison du sacré Cœur: 03 85 81 05 43
accueil pèlerins: 3 rue de la Paix - 71600 Paray le Monial.
Accueil téléphonique ouvert 7 jours sur 7
de 10h00 à 12h00 et de 15h00 à 18h00

Camping: 03 85 88 89 20
19 route du Gué Léger
Tél: www.campingaubonendroit.fr
De nombreuses possibilités d'accueil tous sites.
On vous laisse choisir.
Les tarifs les plus bas sont en nombre sur **Ephatta.fr**
Tous commerces.
Paray le Monial peut être la fin d'un premier segment de chemin, ou bien le début d'un autre.
Gare SNCF, liaison Lyon et Le Creusot TGV.

II

De Paray le Monial à Firminy (Saint-Etienne)

PARAY LE MONIAL - BAUGY

Dist.	Dist. cum.	Altim
23	192	240

GÎTE

Départ

Le départ se fait via le canal, près de la gare SNCF.
Passer sous le pont et tourner à droite.
Après le virage tournant à gauche prendre la route à gauche.

Vous emprunterez un chemin dans la forêt, tout droit puis retrouverez la route et traverserez quelques hameaux en direction du sud-ouest, pour traverser la D982 après Montceaux l'Etoile vers La gare.

En suivant la voie verte à partir de La Gare, pas de difficulté c'est tout droit et plat car il s'agit d'une ancienne voie ferrée.

Le gîte de Baugy (**Baugy'Te**): 06 41 99 54 82 - Serge Bultez
www.baugyte.fr
Il est situé en bordure de voie, au niveau de l'église.
C'est un établissement tout neuf, confortable: n'hésitez pas!
25€ par personne.

Restaurant dans le village à deux pas.
Au bouchon brionnais: 03 85 25 31 95

BAUGY - MARCIGNY - IGUERANDE

Dist.	Dist. cum.	Altim
12	204	250

De Baugy, il suffit de suivre la voie piétons-vélos qui ne rentre pas dans les villages. Il y a des points d'accès pour ceux-ci.

Iguerande:

Le clos Marie (booking):
rue du Four à chaux. 52€/1, 62€/2 petit déj compris.

La bergerie du Bois Joannin: (booking)
1497 route des Fleuriats. De 74€/1 pers, 89€/2 à 145€/5

IGUERANDE - POUILLY - BRIENNON

Dist.	Dist. cum.	Altim
8	212	260

Arrivée à Pouilly sous Charlieu.
Vous trouverez sur votre gauche des commerces pour vous restaurer (boulangerie, boucher-traiteur):
emmenez votre repas pour pique-niquer un peu plus loin.
Prendre sur votre droite la D4 jusqu'à Briennon.
Avant l'entrée dans le village, port fluvial.
Prenez à gauche avant le port pour suivre le canal.

Briennon:

Le Chantemerle: (booking):
7 rue Chantemerle. 52€/2 personnes.
Cuisine.

BRIENNON - ROANNE

Dist.	Dist. cum.	Altim
13	225	279

On suit le canal jusqu'à Roanne. Aucune difficulté.
Allez jusqu'au bout du port et dirigez-vous à droite pour vous rendre en ville. Vous y trouverez tout le nécessaire.
Choisissez vous-même votre mode de couchage et votre restauration.
C'est une grande ville: tous y trouverez tout le nécessaire.
Gare SNCF.
Justement, parce que c'est une grande ville, peut-être souhaiterez-vous faire l'impasse et poursuivre votre chemin vers des lieux plus bucoliques.
Le parcours depuis Baugy n'a pas été difficile.
Certes, il y a une petite trentaine de kilomètres, moins si vous avez fait étape à Marcigny, Iguerande ou Briennon, plutôt qu'à Baugy.
Si vous vous sentez en forme, poussez jusqu'à Villerest, 6km, (possibilités de couchage via airbnb et restaurants) voire jusqu'à Saint Maurice sur Loire, 10km. Si joli village.
Dans ce cas, ensuite, vous ne ferez pas étape à Bully mais un peu plus loin sur votre chemin.

Villerest:

Chez Monique (airbnb): à partir de 49€

Chez Julie (airbnb): à partir de 49€

Chez Raphaël (airbnb): à partir de 49€

ROANNE - SAINT MAURICE SUR LOIRE

Dist.	Dist. cum.	Altim
10	235	359

Splendide village médiéval avec le donjon qui domine la Loire.

Les nuits de Saint Jean (airbnb) 89€ pour deux personnes.

Yourtes mongoles (booking), à 3 km du centre.
1709 route de Luppé.
1 à 3 personnes à partir de 58€. Magnifique!

Chez Marie-Claude (airbnb): à partir de 51€

Restaurants:
Au four de Saint Jean et **Côte à côte**

SAINT MAURICE - BULLY

Dist.	Dist. cum.	Altim
5	240	452

Arrivée à Bully.
Vous y trouverez des restaurants.
Nous avons dormi à La croix du Lac,
chambre chez l'habitant: 06 16 47 80 81
1406 route de la croix du lac.
Une chambre à l'étage avec un lit double et un lit simple.
60€/2 personnes avec petit déjeuner.
C'est à 5km du village mais l'hôte pourra venir vous chercher en voiture et vous remettre sur le chemin le lendemain.

Table d'hôte: repas à 13€ par personne.

Chez Clémence (airbnb):
37€/1pers, 43€/2

Chez Catherine et Jean-Marc: 07 67 70 26 02
famillepayant@yahoo.com

Restaurant:

Le café gourmand:
04 78 21 19 09
www.cafe-gourmand-bully.fr

Un air de campagne:
04 77 65 96 45
Place Georges Ernst.
Deux autres restaurants plus loin vers le port de Bully.

BULLY - DANCÉ - AMIONS

Dist.	Dist. cum.	Altim
7	247	467

Possibilités de couchage à Amions

Chez Nicolas et Viky, maison en terre (airbnb).
6 voyageurs 60€/1, 75€/2, 90€/3, 110€/4, 120€/5, 135€/6

Gîte communal d'Amions: 06 21 66 29 93 ou 06 18 36 15 92

Restaurant:
L'auberge du bourg: 04 77 64 40 88
563 Montée du Bourg.

Le bistrot du prieuré: Amions

AMIONS - POMMIERS

Dist.	Dist. cum.	Altim
7,5	255	354

A Pommiers, quelques possibilités de couchage

Le Pommiers: (booking et hotelmix):
au bourg de Pommiers. Chambres à partir de 62€

Chambre d'hôtes La Grange: (booking)
52 chemin de la Varenne chambres
2 à 4 personnes 80€/2 95€/3 110€/4

Hôtel restaurant:

Le Savigny: 04 77 64 80 64
mail: contact@lesavigny.fr
118 avenue des Plantes
80€/2pers. - Fermé le lundi.

Les terrasses de Pommiers: 04 77 64 51 93
Route du pont d'argent .
Menus de 24 à 68€

Camping de l'Aix: 04 77 65 43 54
www.camping-pommiers.fr
Village pèlerins.
Snack.

POMMIERS - NERVIEUX (Balbigny)

Dist.	Dist. cum.	Altim
10,5	265	326

Chez François (airbnb)
chemin des Garets: 66€/2, 79€/3, 91€/4 102€/5, 115€/6
Chez Marc: 07 60 26 70 77 en ville.
Deux chambres à lit double.
25€/1 personne 45€/2. Salle de bains partagée. Repas 10€
Balbigny: **Séjour en amoureux** (booking)
3 rue Paul Bert. 131€ lit double et canapé lit.
Jacuzzi et sauna. Cuisine.
De Balbigny, on suit les berges de la Loire jusqu'au pont de Feurs pour retrouver l'itinéraire. Plus intéressant que par Cleppé et D112.
Pour **O'Lodge**: suivre D112. Ensuite rattraper le pont de Feurs.
A Mizérieux: allez dans le bourg et
rejoignez le GRP jusqu'à Cleppé puis D112
Camping **La route bleue** à Balbigny

CLEPPÉ (Feurs)

Dist.	Dist. cum.	Altim
6	272	334

O'Lodge: (booking)
Lieu dit Naconne. Cleppé. Sur D112 en allant vers Feurs.
Chambres pour deux à partir de 92€, kitchenette, piscine.

À Feurs: **Comme à la maison, chez Laure** (airbnb):
29€/1 pers, 37€/2

Camping municipal du Palais: alimentation-bar

PONT DE FEURS - MONTROND LES BAINS

Dist.	Dist. cum.	Altim
15,5	292	345

Au pont de Feurs, prenez le chemin qui longe la rive gauche de la Loire. Vous ne la quitterez plus avant longtemps et découvrirez ce fleuve sauvage. Vous passerez au large de Chambéon et de Magneux. Parcours plat.

Retrouvez la D6, traversez la D496 Le Ceriset.
Boisset les Montrond
Vous trouverez une auberge:
Le Ceriset, chez Nicole: 04 77 54 58 84

Chez Céline (airbnb): 72€ 2 à 5 personnes

Les Lys de Rosie (booking): 55 rte de la Gare. 71€/1 78€/2

Prenez à gauche le chemin pédestre, ancienne voie ferrée qui vous mènera à Montrond après avoir traversé la Loire.

Un restaurant dès l'arrivée à Montrond, face à l'église Saint Roch dont l'abside date des XI° et XII°s, la nef centrale date du XV°s.
Bar restaurant du château

Chez Audrey (aibnb): 67€ deux à quatre personnes

Chez Arnaud et Véronique (airbnb).
Chambre chez l'habitant: 60€/2

Hôtel **Les jardins du Forez**: 85€/2

Hôtel restaurant **Cirius**: 88€/2

MONTROND LES BAINS - VEAUCHE

Dist.	Dist. cum.	Altim
11,5	303	364

On sort de Montrond par le sentier d'Urfé (Château), rue à dte après l'arrivée par le petit pont et la place de l'église. On longe ça et là une voie rapide (D6) en empruntant une petite route.

A Meylieu, prendre à droite pour retrouver la Loire après un gué.

Vous allez marcher plusieurs kilomètres au beau milieu des eaux, sur un extraordinaire chemin entre Loire et étang.

Au bout de ce chemin, des silos, prendre vers Rivas, puis GR765 Est jusqu'à Veauche. Accès par le pont et rampe montante, ou bien obliquer avant selon le lieu où vous allez dormir si vous faites étape ici.

Chez Catherine (airbnb): 63€/2 petit-déj inclus

Chez Sandrine (airbnb): 57€/2

Chez Yves (airbnb): 43€/2 petit-déj

En cas de difficultés pour se loger, vous pouvez pousser jusqu'à Andrézieux ou Saint Just sur Loire.

VEAUCHE - ANDRÉZIEUX - SAINT JUST

Dist.	Dist. cum.	Altim
10	314	370

Départ de Veauche en haut de la rampe d'arrivée.
Rue à dte avec balise LSB: rue Barthélémy Villemagne.
Une boulangerie vous permettra de vous fournir en sandwichs.
On gagne rapidement Andrézieux. Il faut se diriger vers la rive de la Loire. Vous emprunterez l'itinéraire que vous souhaiterez, notamment si vous faites étape ici. Notre itinéraire évite au mieux la ville.
Une fois retrouvé la Loire,
vous suivez la berge jusqu'à Saint-Just. C'est plat et facile.
A Saint-Just, vous trouverez très facilement
de quoi vous ravitailler.
C'est une possibilité d'étape assez agréable d'autant que sur la plateforme Airbnb il y a plusieurs propositions d'accueil à la nuitée à partir de 37€.
A vous de faire votre choix selon le confort souhaité.

Plusieurs restaurants:

Gare et Gamel: 04 77 06 51 05
place du 19 mars

Little Italy: 131 boulevard Jean Jaurès

Aux deux ancres: 22 place Madeleine Rousseau. Veggy friendly

Ô Benestar: 04 27 64 23 37
Place du Pont (rive gauche)

SAINT-JUST - SAINT VICTOR - FIRMINY (gare)

Dist.	Dist. cum.	Altim
17	331	469

En sortant de Saint-Just, suivre le chemin sur la berge, démarrant par des jardins au niveau du pont. Vous y trouverez un snack.
Le chemin devient végétal, longeant la Loire. Au lieu-dit Asnières, quitter la Loire, monter vers La Côte, traverser la D25, chemin forestier après avoir traversé la D33. On monte vers Condamine puis St Victor sur Loire (7 km) et son magnifique panorama (restaurant terrasse). Il faut donc monter!

Restaurant
La Presqu'île: 04 77 53 70 08.
Réservez pour sa terrasse fabuleuse avec vue sur le barrage de Grangent et la presqu'île du Châtelet.
Vous y allez surtout pour ça.
Vous surplombez les gorges de la Loire vous offrant des points de vue incroyables. Assurément un des très beaux segments de ce chemin.
Dormir à Saint Victor:
Le pavillon du Lac: 06 74 81 96 62
1095 rue du port.
Chambre pour 2 ou appartement jusqu'à 10 personnes. 91 et 96€.

Laisser la D33 après le restaurant, prendre à droite pour retrouver la Loire (Les révotes) et suivre la berge jusqu'à Unieux via le chemin de la Noirie.
Vous traverserez Unieux avec des possibilités de restauration et gagnerez sans difficultés Firminy.

La partie Nord du chemin se termine ici et il y a donc une possibilité de s'arrêter avec une gare SNCF à Firminy pour retour vers Saint-Étienne et Lyon. Nombreuses possibilités de couchage via les plateformes en ligne.

FirmHotel: 37 rue Jean Jaurès. 60€/2

Fouettara: 52€/1 72€/2

III

De Firminy (Saint-Etienne) à La Voulte sur Rhône

FIRMINY-
LE CHAMBON FEUGEROLLES

Dist.	Dist. cum.	Altim
2	337	510

Au château de Feugerolles débute la partie sud du chemin, vers Bourg-Argental et l'Ardèche.

Le Chambon-Feugerolles:

Chez Franck (airbnb).
11 rue Marcel Faure. 50 à 60€/4 (2X2). Cuisine.

Chez Spa (airbnb): 60€/2. Cuisine

Hôtel La Tour: 04 77 89 07 72
Rue Robert Schumann. A partir de 60€/2
Saint Genest-Malifaux est à 8,5km où vous trouverez un gîte d'étape et différentes possibilités d'accueil.

FEUGEROLLES - SAINT GENEST MALIFAUX

Dist.	Dist. cum.	Altim
8,5	346	982

Départ au niveau du cimetière.
Arrivée au château de Feugerolles.
Prendre le sentier Odouard.
Maisoncelle
Contourner Saint Romain les Atheux

Logement:
chez Patricia (airbnb) 44€ et 48€/2

Vous arrivez à Saint Genest Malifaux, au nord du Lac,
Pharmacie, boulangeries, boucheries charcuteries, alimentation générale, restaurants

Gîte rural des collines: 06 64 32 78 04
florence.dereymond@hotmail.fr.
www.gitedescollines.fr
Le Vernay.
Gîte rural 1à personnes, quatre chambres. Cuisine.

Gîte de la Croix de Garry: 06 85 40 95 38
A partir de 20€.
4 chambres. 15 personnes.

Camping communal de la Croix de Garry

Chez Catherine (airbnb):
72€/2 96€/4 Cuisine.

SAINT GENEST-MALIFAUX - BOURG ARGENTAL

Dist.	Dist. cum.	Altim
16	362	976

GÎTE

En arrivant sur le village, à gauche: Créméat- Le plat
Ou continuer direction Gaillard (D22)
La croix de Garry

Départ par D501.
Avant virage à droite,
prendre à gauche puis à gauche: La scie de la Roue
Direction Grangeneuve.
Après Vialon, vous pouvez prendre à gauche et rattraper la D22 à 500m. Il y a un peu moins de deux km depuis La scie de la roue. C'est un petit crochet, à utiliser par temps humide.
Par temps sec, continuer. Juste après, dans le virage très serré à droite, un chemin forestier montant partant sur votre gauche. Vous le suivez jusqu'à Bois Cognet où vous rejoignez la D22, moins d'1km. Alt 1090m. Vous suivez la D22 à droite.
Vous arrivez au carrefour des Trois croix. Alt 1134m.
Prenez encore la D22 sur votre droite (à gauche, passe la D1082, juste en dessous du col de la République.
Certes, elle vous amènera à Bourg-Argental,
mais nous avons mieux...)
Vous suivez la D22, 400m plus loin, le GR7 à droite.
Continuez la D22 et très vite, sur votre gauche, un chemin descendant quitte la route en contrebas. Le suivre jusque Les Préaux. Centre équestre.
Dans le village, à gauche, départ du sentier Odouard (ou bien, plus à gauche, le sentier de découverte), qui vous amène à Fogère (pylône).
Vous traversez la D1082 puis chemin descendant à droite jusqu'à Bourg-Argental.

Bourg important, halte du chemin de Compostelle, vous y trouverez tout le nécessaire: alimentation, restaurants, pharmacie, gîtes et chambres.

Gîte L'isba de la Tortue Chez Isabelle: 06 83 88 47 03.
12 couchages en 4 chambres de deux à quatre places.
Table d'hôtes. (en terrasse quand il fait beau)

Gîte de Palerne: 04 77 39 71 43
23 avenue de la Résistance.
Nuitée 48 à 58€ + location de linge

Domaine du Poisor: 06 82 83 74 39
Gîtes et chambres.
rouchouse.christine@neuf.fr
chambres-lepoisor.fr
Route de Graix. Capacité 32 personnes.

Chez Anne-Marie (airbnb):
58€/2

BOURG ARGENTAL-VANOSC

Dist.	Dist. cum.	Altim
11	374	656

On quitte Bourg-Argental par la D503 direction Riotord et Dunières. C'est aussi le début des GR 42/65 qui partent à gauche de la route, après La Tuilère. Les deux GR (GR65: Compostelle) se séparent rapidement au niveau du gîte de Mounes (Alt 609m). Suivre le GR42 sur la gauche. Ça monte.
Montchal, 2,2km: 995m
La Cartara: 1km: 1040m
Laisser à gauche le sentier Forez Velay Vivarais. Prendre en face vers Le Bouchet (arrivée sur itinéraire équestre), Le moulin Laure, Radier (Alt 800m)
Si vous souhaitez dormir à Vanosc, continuer le GR jusqu'au village. 11km

Si vous faites halte à Villevocance, les deux villages sont à moins de 3km par D570. Un peu plus par le GR de Pays du bassin d'Annonay.
Plus court et plus nature: au moulin de Laure, et Radier, ne prenez pas le pont à droite pour suivre le GR42. A gauche, vous rattrapez la D29 (D570), la suivre à droite sur 500m. Après un fort virage à droite, un chemin balisé part à gauche. Descente par les ruines de Lavaux. C'est un chemin emprunté aussi par des vélos. Il vous mène au **gîte de La Chanal**, au-dessus et à 1,5km de Villevocance (couchage et repas). Un peu excentré mais cela vaut la peine. Sauf si vous ne souhaitez pas entendre le chant du coq le matin. Tél: 04 75 67 76 65. Table d'hôte.

Restaurant:
Auberge des Platanes: 04 75 32 02 93 (simple et bon)

Alimentation: Proxi, rue de la Libération. **Boulangerie**

Chambre d'hôtes les Hortensias: 04 75 34 79 64
A partir de 55€/2.

VANOSC - SATILLIEU

Dist.	Dist. cum.	Altim
20	394	481

Vocance: 4km
Cet itinéraire suit le GR42 de bout en bout. C'est simple. Cela peut-être une alternative selon les possibilités de couchage dans la région. Malheureusement, vous ne découvrirez pas Notre-Dame d'Ay, un de nos coups de cœur.
Boulangerie, boucherie, alimentation (supérettes), pharmacie, plusieurs restaurants, deux hôtels (***)
Accueil mairie: 04 75 67 84 20

Chambres d'hôtes La grange de Romanet: 04 75 32 17 22

Chez Rommy (airbnb): 52€/2 pers. Cuisine

La mezzanine (booking): 51 rue Centrale.
57€/2 Accueil 4 personnes.

Les trois rivières (booking); 43 rue Centrale. Appartement trois chambres. A partir de 35€. Jusqu'à 12 personnes. Cuisine.

Appart Studio (booking): 31 rue des Gauds. 40€/2

Maison de pierre (booking): 43 rue des Gauds. 77€/2

Cabanon chez Romain (aibnb): 79€/4. Cuisine.

Chambre d'hôtes Les petites faugères: 06 08 33 39 74

Camping de Satillieu: 04 75 34 96 41
3 route du Col du Marchand

Chez Agathe: 06 61 45 43 16

SATILLIEU - SAINT VICTOR

Dist.	Dist. cum.	Altim
13	407	610

Au col de Juvenet, soit continuer le GR42, mais vous allez monter un peu plus; ou quitter le GR42: deuxième chemin à gauche (Tracol) et on rejoint le GR42 après Monplot.
Pour l'arrivée à Saint-Victor par le chemin de Gonnon, vous pouvez prendre le chemin de Genst à droite puis suivre la trace via le GR.
Si vous prenez à gauche, vous arriverez à Saint Victor par le chemin de Croix: prendre à droite après le belvédère.
Nous, on préfère.
Vous trouverez au village une boulangerie et une boucherie-charcuterie.

Restaurant: Marmey: 04 75 06 01 51

Les possibilités de couchage à Saint Victor sont peu nombreuses. Elles sont plus nombreuses en se déroutant vers Saint Félicien.

Chez Edith La Ferme de Saute Lièvre (airbnb): 04 75 06 10 17
Mail : contact@fermedesautelievre.fr
De 92€/2 à 125€/4. Accueil jusqu'à 15 personnes.
Table d'hôte sur réservation.

Gîte communal d'étape de Vaudevant: 04.75.06.00.88
60 rue de l'Église.
Avant le col de Juvenet, prendre à dte la D115 puis à gauche petite route vers le lieu-dit Liverset puis chemin jusqu'au village.
8 à 10€ par personne. (linge non fourni)

Chez Véronique (airbnb)

Chez Manon: 06 30 33 43 47
145 chemin de Clot. 70€/2 à 4 pers. Cuisine

Cabanon chez Romain (aibnb): 79€/4. Cuisine.

Camping de Chantelermuze: 04 75 06 08 55
www.saint-victorardeche.fr ww.snack.chantelermuze.fr

VILLEVOCANCE - SAINT ROMAIN D'AY VARIANTE

Dist.	Dist. cum.	Altim
14	421	422

GÎTE

Départ en bas du village, accès rue en face de l'église.
Chemin de Malherbe, Font/Sorillat
Le chemin monte en forêt, en face de Villevocance.
488m
+ Laisser à gauche Font/Sorillat et prendre Malherbe
+ à gauche: Malherbe. Le chemin forme un grand virage à dte (après 600m)
768m
Arrivée sur citerne
+ prendre à droite direction Saint Alban d'Ay
+ rapidement, prendre chemin en face, croix jaune et blanc 827m
Prendre à gauche, direction Saint Alban d'Ay
On quitte le sentier pour une petite route: Méneral, la chonotte
On entre dans Saint Alban d'Ay (Pharmacie, restaurant)
Fontaine, toilettes.
Logement: **chez Angélique** (airbnb): 96€/2 125€/5. Cuisine

Ne pas prendre D578 mais passer par le château
Le cabaret neuf
Direction: Vercosc les Annonay, Ceytère (0.4km)
A Ceytère: chemin de gauche, bordé d'arbres fruitiers (mirabelles)
Le Vialot
Arrivée à Saint Romain d'Ay

Le promontoire escarpé de Notre Dame d'Ay a été site sacré dès l'époque mégalithique. Les Celtes puis les Romains y ont célébré une déesse de la fécondité. À partir du IVe siècle, les chrétiens y ont substitué une chapelle dédiée à Marie, puis un monastère. En parallèle les premières fortifications romaines ont été améliorées, à partir du XIIe siècle, pour devenir un château fortifié avec trois donjons et une enceinte. C'est aussi vers cette époque qu'a été amenée, sans doute des croisades, une statue de Vierge noire qui a développé les pèlerinages. Ces derniers continuent d'attirer une certaine affluence.

Pharmacie à Saint Alban d'Ay
Restaurants:
Saint Alban d'Ay: **La Truffolie d'Ay:** 04 75 32 50 96
Menu 13€.

Saint Romain d'Ay: **Happy Bar:** 06 18 07 40 23
(restauration sur réservation)

Alimentation:
Boulangerie à Saint Alban d'Ay
A Saint Romain d'Ay, vous trouverez bar et restaurant.
Il faut absolument visiter le sanctuaire de Notre dame d'Ay et, surtout, s'il fait chaud, vous baigner dans les piscines naturelles de la rivière, au milieu des truites. Pique-nique au bord de l'eau possible. Assurément, un des très beaux endroits de ce chemin de pèlerinage.
Un gîte existe dans le sanctuaire:
téléphoner à l'avance pour les disponibilités.
Marie-Claude Coignard: 06 57 85 21 78

SAINT ROMAIN D'AY - PRÉAUX VARIANTE (suite)

Dist.	Dist. cum.	Altim
4	425	505

Pour repartir, le chemin vers Préaux débute en bas du sanctuaire, par la passerelle de la Roche.
Prévoyez quatre heures de marche depuis Préaux si vous comptez faire étape à Saint Victor.

Restaurant:
Le préau: 04 75 34 91 30
(12 à 20€)

Boulangerie, boucherie
Courses à la ferme, en sortant de Préaux.

PRÉAUX - SAINT VICTOR VARIANTE (suite)

Dist.	Dist. cum.	Altim
18	76,4	619

On sort du village au niveau de l'école. Chemin à partir de l'entrée du parking. Direction Satillieu et Lalouvesc.
Vous longerez une jolie croix de fer sur votre droite.
Deux alternatives pour rejoindre saint Victor

• ***Alternative 1***: champêtre et forestière, plus sportive: nous on préfère mais suivez bien les indications.
Continuer sur le chemin en laissant la croix sur votre droite.
Ferme de l'Amélie sur votre gauche (Marcellas) Vente de fromages et de charcuterie (9h30-12h et 17h-19h)
Laisser un chemin à droite vers Lalouvesc après « la Balayère » à gauche.
En bas, un joli coin pour pique-niquer. Passerelle sur le ruisseau.
* Version simple: après avoir traversé la passerelle, le chemin continue sur votre gauche et entame un long virage montant vers la droite. Un chemin vous rejoint sur la gauche, altitude 565m, continuez tout droit. Laissez un chemin sur votre droite, continuez tout droit. Rapidement vous arrivez à un croisement: prenez à gauche. Ferme de Seignovert. (Alt 610m). Arrivée à la ferme de Chatarain, sur votre droite, que vous longerez.
* Version plus forestière et végétale: ne prenez pas la passerelle mais longez la rive sur la droite via un chemin herbeux et étroit, et traversez au niveau de la poutrelle métallique. Le chemin monte en face, juste à droite de la passerelle. Le chemin est très peu emprunté, mis à part quelques chèvres ou sangliers, et peut être envahi par de la végétation. La montée est assez raide, sur sol souple.
Vous longez une clôture de champ sur votre droite.
+Prenez à gauche, route montante avec virage à droite
+150 mètres environ,, prendre à droite. Monter. (sur votre gauche: Le Casson, alt 569m)
+ vous arrivez de la direction « La tribolière » (panneau à droite): tournez à gauche, montée avec virage à droite.
+vous croisez une route avec revêtement: prendre en face le chemin végétal

– Alt 628m: Ferme de Chatarain. Vous avez parcouru 3.10km depuis Préaux. Longez la ferme sur votre droite et suivre le chemin.
+Plus haut, fourche: prendre voie de gauche en montant. Passer la barrière de fil de fer. Bien refermer pour les animaux.
-Direction Grioulet: à droite, nouveau sentier: Monplot et Saint Victor.
-Soit vous rattrapez le GR42 à Monpmot, chemin bitumé jusqu'à Saint Victor (Chemin de Vignet). Si vous passez par le chemin de croix, voir ci-après: chemin de Genest.
– Soit vous continuez par les chemins souples:
Chemin des crêtes puis chemin des Tombes dans la forêt.
4.7km: + balisage rouge et blanc (200m après, à droite)
arrivée par route de Gonnon, voie bitumée. Prendre à gauche en montant. Saint-Victor: 2.1km
Pylône, table d'orientation (vue magnifique)
Continuer la route, puis chemin herbeux à droite, descente par un étonnant chemin de croix (XIII°s) jusqu'à Saint Victor. Au niveau de la croix n°2, continuer sur un petit chemin en face.

• ***Alternative2***, plus simple mais plus bitumée:
Sortir de Préaux, à la croix de fer, prendre à droite jusqu'à Ruas, continuer sur route D17/D115 jusqu'au col de Juvenet, puis suivre le GR 42/420 jusqu'à Saint Victor. Peu avant le village, vous pouvez passer par le chemin de croix, à voir! Pour cela, prendre sur la gauche le chemin de Genest; petite montée. Vous passerez devant le pylône, puis la table d'orientation. Puis Saint-Victor par le chemin de croix.
Vous êtes arrivés à Saint-Victor, par l'un des trois chemins depuis Préaux. Vous avez bien mérité un verre au bar. Vous trouverez aussi une boulangerie et une boucherie-charcuterie.
Restaurant: Marmey: 04 75 06 01 51

Chez Edith La Ferme de Saute Lièvre (airbnb): 04 75 06 10 17
Mail: contact@fermedesautelievre.fr
de 92€/2 à 125€/4. Accueil jusqu'à 15 personnes.
Table d'hôte sur réservation.

Logement à Saint Félicien (5km): **Chez Camille** (airbnb)
40€/2 à 67€/5

SAINT VICTOR - COLOMBIER LE VIEUX

Dist.	Dist. cum.	Altim
6,2	413	423

Départ pour Colombier le Vieux par l'Escoffier.
Dans la Grande Rue, face à la Poste, on prend la première petite rue qui contourne La Poste par sa gauche, puis rue à gauche et à droite.
Au début de la route de Corsas, croix, prendre à droite une petite route qui devient une piste en tournant à gauche.
On laisse L'Escoffier à dte (alt 593m), croix, prendre à gauche: toute de l'Escoffier. Laisser le chemin de la Poulaire à gauche, et le chemin de la grange à dte, continuer l'Escoffier.
Arrivée à la route de Maragier, prenez à gauche puis tout de suite à droite, le chemin des Taillards. Laisser la ferme à gauche et prendre la piste en face qui rattrape la route de Lamastre (D578), la traverser pour prendre le chemin du moulin de Victouron.
Chemin sinueux vers le moulin.
Traversée de La Daronne.
Continuer le chemin de terre en montée, vers Colombier le Vieux. Statue sur votre droite.
Ferme des Odiers.
Arrivée au village.

Vous trouverez un charcutier sur la place du village. Boulangerie.

Train touristique du Vivarais dessert les gares de Colombier le Vieux et Boucieu le Roi depuis Tournon : Tél : 04 75 06 07 00

Écrin de verdure (booking):
1075 route de Choisine. Entre Colombier et Boucieu.
A 1,1km du centre.
Maison 1 chambre deux personnes 55€. Cuisine.

Une chambre sur roomlala.fr:
à partir de 65€/2

COLOMBIER LE VIEUX - BOUCIEU LE ROI

Dist.	Dist. cum.	Altim
6,5	420	301

Pour quitter Colombier: charcuterie et Poste: première rue à droite, route de la Choisine. Côte rôtie. Miaillier (2,2km)
Ruissas, Maison-forte (2,8km):
prendre à droite, chemin de Saint Gris.
Suivre jusque hameau de Saint-Gris (4km).
Prendre à gauche la route de Boucieu (Chalier)
Juste avant le hameau, un petit chemin (Saint Gris Sud) contourne le hameau par la gauche et rejoint la route. Quelques décamètres de bitume en moins, à défaut de raccourcir vraiment.
Traverser le Doux sur le pont de Boucieu et monter dans le village.
Le train du Vivarais part de Tournon, et s'arrête à Boucieu et à Colombier le Vieux - www.trainardeche.fr.
Joli promenade touristique ou moyen d'accès.

Plusieurs restaurants agréables.
Le petit Bociu: 04 75 09 41 65
Chez Nath: 04 75 06 52 72 sur place et à emporter
Le bistrot de la Gare: 04 75 06 51 43
Concerts les soirs en été au château - Écomusée

Pour dormir:
Camping **les Berges du Doux**: 04 75 06 79 10
35€/2 en caravane vintage.
On a aimé **chez René:** 06 10 43 18 19 dans une roulotte.
yolande.sarzier@orange.fr
C'est juste sur le chemin, avant Boucieu.
Deux lits doubles superposés.
55€/2 - 20€/personne supplémentaire. Petit coin cuisine.

Un autre gîte en face. **Les Issignols**: 04 75 07 68 60.
75€/2 avec petit-déj. Piscine.

BOUCIEU - COLOMBIER LE JEUNE

Dist.	Dist. cum.	Altim
4	424	512

Sortir de Boucieu, en haut du village, par la D209, dans le premier grand virage à droite, Les Cros, laisser le chemin dans l'angle et emprunter celui qui monte en suivant la route. Chemin forestier montant.

+ Au premier croisement, prendre à droite en montant. Laisser Maisonneuve à gauche, puis La Fare.

+ D534: traverser à Ladreyt. (2,2km)

- Prendre le chemin montant en face: Le Rassel, Poupier, Les Croix (3km)
- Après le pylône, descendre vers Colombier le Jeune

Boulangerie
Alimentation

Restaurant:
La table des Biencontents: 04 75 09 39 47 (16 à 20€)

Chez Roland et Christine - La ferme du Rousset (airbnb):
7 voyageurs, 2 chambres, 4 lits.
De 85€/2 à 207€/7

La ferme de la cartara: 06 19 81 30 65
425 chemin de la Cartara.
Trois chambres/ 11 personnes.
70€ la nuitée, 20€/pers suppl, table d'hôte 23€ sur réservation.
Mail: lacartara@gmail.com

COLOMBIER LE JEUNE - CHAMPIS - ALBOUSSIÈRE

Dist.	Dist. cum.	Altim
13,2	436	554

Sortir du village en direction de Bosc, Col de Mayre. Au niveau de l'église, balise jaune et blanc, vers le pont du Duron.
Retrouver la D238 puis, rapidement, prendre à gauche
Route de Bosc
Passer le hameau
Chemin de terre vers Col de Mayre (603m)
A gauche vers Le Roussillon (début de la route de Saint Sylvestre)
Route de Morges: Pourtier, Chatuzas (à dte, 5km),
Après Chatuzas, prendre à droite,
Puis à gauche: D269 (6km)
(Après Genestel, km8, on peut prendre un chemin balisé à dte, jusqu'à La Batie)
A 9,7km: laisser la D269 pour prendre à droite la D3694, route de La Bâtie de Crussol
Traverser La Batie (11km) et prendre le chemin de La Batie
GR
Arriver sur D369, suivre à gauche puis chemin balisé jusqu'à Alboussière.
Le Covid a laissé des traces: de nombreux commerces ont fermé ou réduit leur activité car les habitants de la région ont assez massivement refusé la vaccination. Pas de vaccination pas de certificat, pas d'entrée au restaurant, pas de clients...
Les possibilités de couchage sont rares à Alboussière et autour. Vous pouvez essayer de trouver une chambre à Boffres, à 3km au sud d'Alboussière, en s'écartant un peu du tracé. Dans ce cas, soit vous passez par la route pour aller au plus vite (D219), soit vous poursuivez le GR42A après le col de Ponsoye jusqu'à Boffres, au lieu de continuer par le GR42.

ALBOUSSIÈRE

Notre conseil: poussez jusqu'à La Croix Saint André et le gîte de Marie-Thérèse Volle.

Camping La Duzonne: Lac, 800m au sud, sur le tracé. GR42A

Restaurants à Alboussière:
Lou Vi: 06 22 81 55 33

Le Ptit Bistro: 04 75 59 83 75

Le Trouillet: 04 75 59 94 29

Pour dormir:
Chez Lauryne (aibnb): 84€/2. Cuisine. Piscine hors-sol
Domaine de L'abéale: 04 75 84 58 10 - Peygros.

En dehors:
chez Sandrine (airbnb) - Les Razès. 72€/2 Repas 18€

Camping municipal: 04 75 58 20 91
camping-alboussiere.fr

Restaurants à Champis
L'Ange gourmand: 04 75 58 31 89

Loriol (La Batie): 04 75 58 31 89

A Boffres, **l'Auberge:** 06 03 95 77 43
bar, restaurant, épicerie-traiteur-cave 7/7 de 7h à 18h, mardi de 10h à 14h), boissons locales, relais Poste

ALBOUSSIÈRE - SAINT LAURENT DU PAPE

Dist.	Dist. cum.	Altim
21	457	107

Sortir d'Alboussière par le chemin de Mirabel (départ rue de la mairie).
C'est le GR42A
Col de Ponsoye (2,8km, alt 600m): prendre à droite le GR 42/420. Au lieu dit Cerisuer, prendre le GR420-42 variante (chemin du milieu) La Croix Saint André (708m)

Couchage à la Croix Saint André (mode jacquaire):

Marie-Thérèse Volle:
04 75 58 07 33 ou
06 77 43 85 96
De la Croix-Saint-André, vous pouvez envisager d'éviter La Voulte (couchages assez chers, hormis **chez Isabelle**) pour Loriol, Cliousclat ou Mirmande.
Puis Loriol-Marsanne ?
GR42 jusqu'à Saint Laurent du Pape.
A Saint-Laurent du Pape, on traverse l'Eyrieux, puis prendre à gauche la Voie verte qui longe la D120. Sentier parallèle qui longe la route jusqu'à La Voulte.

SAINT LAURENT DU PAPE - LA VOULTE

Dist.	Dist. cum.	Altim
4	461	96

A Saint-Laurent du Pape, on traverse l'Eyrieux, puis prendre à gauche la Voie verte qui longe la D120.
Sentier parallèle jusqu'à La Voulte.

Vous trouverez tous les commerces.

Chez Isabelle:
07 83 02 79 67 -
donativo
Deux chambres.

Gîte Le Cerisier:
06 72 23 58 54
11 bvd Louis Aragon;
à partir de 97€
site: dolce-via.com

Chez Carole (airbnb):
Très belle maison en ville. 92€ deux à quatre personnes 2x2

Chez Saroul (airbnb): 73€/2. Cuisine.

Chalet pour 5: 137€

Bus pour la gare de Valence et Valence TGV. Pour commencer ou finir un segment de chemin.
Petite séquence nostalgie au stade de rugby.
Déception: il ne s'appelle pas Stade Guy et Lilian Cambérabéro! Mais pourquoi ?

IV

De La Voulte sur Rhône à Vaison la Romaine

NOUGATS
CANARD
SAUVAGE
VISITEZ
NOUGATS
CANARD
SAUVAGE

LA VOULTE SUR RHÔNE - LIVRON

Dist.	Dist. cum.	Altim
6	467	113

D86 (Ave Louis Antériou), rue Thiers, traversée du Rhône. Attention aux voitures: pas ou peu de trottoir sur le pont.
Tout droit, route de Livron (D86F). 300 m après la traversée du Petit Rhône, prendre en face le chemin de la Grande Grange,
Virage à gauche puis à dte: suivre le chemin des Cercols.
Passer sur l'A7 (combien de fois êtes-vous passés en voiture et avez-vous vu ce pont? souriez, vous êtes dessus cette fois-ci!) puis sur voies SNCF.
Prendre tout droit vers centre-ville: (1,5km)
Rattraper la N7 qui traverse le village du nord vers le sud et sur laquelle se situent tous les commerces. Il y a différentes façons de gagner la N7. Le mieux est de « tirer des bords » en vous dirigeant vers le sud-est.

Chez Jean-Marie (airbnb):
40€/2 personnes

Hôtel-restaurant Le Logis des Voyageurs: 04 75 61 65 20
94€/2 pers

LIVRON - LORIOL N7

Dist.	Dist. cum.	Altim
2	469	118

Rattraper la N7 qui traverse le village
Traverser le pont sur la Drôme
Suivre la N7 jusqu'à Loriol
Bien sûr, marcher le long de cette nationale n'a rien d'enthousiasmant et vous vous dites que vous ne faites pas ce chemin pour ça. Surtout que la circulation est dense. Alors, pour ne pas déprimer, dites vous trois choses:
1) C'est la seule portion de route nationale que vous emprunterez lors de tout ce chemin
2) C'est la porte du soleil, des senteurs de Provence et, en la quittant, vous allez emprunter des chemins magnifiques vers de sublimes villages qui vous attendent en fin de journée
3) Pensez que cette route est mythique: c'était la route des vacances empruntée l'été par des millions de voitures. Que d'embouteillages, d'énervements, de fatigue ! Ceci c'était avant la construction de l'A7.
Vous, aujourd'hui, vous marchez librement pour votre plaisir!
Allez, un peu de patience, et vous arrivez à Loriol.

Chambre suite indépendante (booking):
181 ave de la République.
54€/1pers, 60€/2
Plusieurs possibilités airbnb à partir de 40€

LORIOL - CLIOUSCLAT

Dist.	Dist. cum.	Altim
6	475	229

En entrant dans Loriol, prenez la direction du centre-ville et laissez la déviation sur votre droite.
Commerces et nombreux restaurants.
Passer la fontaine et le lavoir.
Après rond-point: prendre à gauche la rue Olivier de Serres: Les roches
Monter puis pendre vers la droite.
A 300m, tourner à G. Montée vers Les roches.
Chemin des roches.
En haut: pylône Les roches
Prendre à droite: chemin du Fort Bourrriat
Suivre le chemin jusqu'à La Chauchaille
Prendre à gauche.
Passage du ruisseau de l'Orel
Continuer le chemin qui tourne à droite.
Continuer tout droit jusqu'à Cliousclat. Joli village d'artisans.
Vous croiserez peut-être Fabrice Lucchini qui ne s'est pas trompé en achetant ici une maison.

Plusieurs restaurants très agréables.
L'Alandier: 04 75 44 60 73
La Treille muscate: 04 75 63 13 10
La fontaine: 04 75 63 07 38
Une de nos belles étapes gastronomiques. Possibilités de couchage selon les budgets. La Treille Muscate c'est bien mais ça a un prix, au-dessus de 100€. En descendant du village vers Mirmande, vous trouverez sur la droite de la route un petit escalier, vous traverserez le champ et rattraperez la route: ici on propose des chambres, une roulotte, avec une piscine. La Chabrière. Vérifiez s'ils proposent toujours des étapes à la nuit. On aime beaucoup. Petit déjeuner top.

CLIOUSCLAT - MIRMANDE

Dist.	Dist. cum.	Altim
2	477	192

En arrivant sur la D57,
prendre en face.
Arrivés au pylône:
prendre chemin en face
Au croisement: prendre à gauche jusqu'à Mirmande
Magnifique village à flanc de colline.
De nombreux magasins d'artisanat, une alimentation avec pain, légumes, fromages, conserves), plusieurs restaurants, hôtel.

Restaurants:
Margot: 04 75 63 08 05
La Capitelle: 04 75 63 02 72
Patine: 04 75 41 21 82 (grande rue) végétariens bienvenus.
Café restaurant Bert: 04 75 56 18 51

Syndicat d'initiative en bas du village.
Passer par la porte des Gaultiers (Levez la tête et regardez les restes des fresques). Toutes les rues montent et vous amèneront tout en haut à l'église où vous attend un superbe point de vue.

Logements:
le petit logis, la Bouligaire, Le brochet (à 2km).

Nous on a essayé:
Chez Justine: 06 86 34 52 29
à 1km du village. C'est très bien. 50€/ 2 personnes.

Hôtel de Mirmande: 04 75 63 13 18
à partir de 97€

MIRMANDE - MARSANNE

Dist.	Dist. cum.	Altim
8,5	486	268

Le départ se fait en haut du village, derrière l'église et le cimetière.
Une route serpente à partir du bas du village mais vous pouvez monter par les ruelles et zigzaguer pour découvrir de belles maisons. Attention aux pavés.
Prendre la direction du col de Papillère (1h10)
Après 800m, point alt 328m, continuer tout droit et laisser le chemin vers le col des Mures.
Col de Papillère: Direction Gros Fayard.
Prendre petit chemin vers la droite à la fourche (VTT9).
Suivre sur 1km dans les sous-bois.
Carrefour du Gros Fayard: prendre à droite vers Creux des Alexis. 0,6km.
Descente vers Marsanne par Notre Dame de Fresneau, puis Serres de Paruel.
Serres de Paruel: vous emprunterez un tout petit chemin sous les arbres et dans la végétation, mais bien marqué. Départ sur la droite
Puis Village médiéval sur votre droite.

Hôtel restaurant Les Aubergistes: 04 75 90 32 35
59€/1 pers, 69€/2, 79€/3. 13 chambres.

Chambres: **mas de la Source**
Plusieurs commerces d'alimentation
(boucher traiteur, supérette, boulangerie, bars et restaurants. Fermeture le lundi et dimanche après-midi.

Un miracle « officiel » a eu lieu à l'église de Fraineau: une jeune femme a retrouvé la vue en se lavant les yeux dans la source.

MARSANNE - BONLIEU SUR ROUBION

Dist.	Dist. cum.	Altim
2	469	153

Ne pas prendre la D134. Sortir du village en direction de Sauzet (D105), vers l'ouest, Montélimar
Prendre à gauche: La croix blanche - Chemin des Clos. Le Clos Chemin de Bonlieu
Longer Mont Chatelard à droite. Pylône.
Direction Rouveyre,en face. Traverser D6: tout droit vers Bonlieu.
Dans le village, basilique Sainte Anne, du XII°s et couvent des Norbertines (Prémontrées).
Prieuré Sainte Anne. Téléphoner pour **gîte:** 04 75 90 11 92
A la sortie de Marsanne, sur le chemin:
Le mas du Chatelas, chambres et restaurant. Chic.

BONLIEU SUR ROUBION - SAINT GERVAIS SUR ROUBION

Dist.	Dist. cum.	Altim
2	494	195

Sortir du village à droite. Traverser le Roubion.
Après le pont, prendre à gauche et longer la rivière jusqu'à Saint Gervais sur Roubion. En haut du village, vous trouverez quelques commerces d'alimentation: boulangerie, épicerie, restaurant-bar **Le Provençal**. On quitte le village dans la direction de La Bégude de Mazenc (D74).

SAINT GERVAIS SUR ROUBION - LA BÉGUDE DE MAZENC

Dist.	Dist. cum.	Altim
6	500	227

Prendre D128 direction Charols
1,5km puis tourner à droite: Fanone.
Dans les truffières: chemin à gauche. Traverser le ruisseau. Tourner à droite.
Traverser la D625. Pont sur le ruisseau.
Traverser la D127. La paillette
Arrivée en bas de Chateauneuf de Mazenc, sur la gauche. (Notre Dame du Mont Carmel)
Continuer la route jusqu'à La Bégude de Mazenc

Variante: Au niveau des silos, à droite vers le cimetière. Ensuite, petite route à droite, lieu-dit l'église, et rejoindre la D74 que l'on suivra sur la droite jusqu'au chemin de la Quillette, sur votre gauche, puis à droite le chemin des deux ânes.
On arrive au pied de Châteauneuf de Mazenc, on rattrape vers la droite la D9 pour entrer dans La Bégude de Mazenc.

La liaison entre ces deux villages implique l'emprunt de routes que nous aurions préféré vous épargner. Nous avons essayé plusieurs possibilités et aucune n'est parfaite.

Pour dormir:
Chez Marjolaine: 04 75 46 22 49
On aime bien l'hôtel-restaurant **Le Jabron:** 04 75 46 28 85
Formule soirée-étape correcte. Et confortable.

Boulangerie, supérette, boucher-traiteur:
de quoi vous restaurer facilement.
Grande surface en quittant l'agglomération par la D9.
Vous la quitterez avant.

LA BÉGUDE DE MAZENC - SALLES

Dist.	Dist. cum.	Altim
13	513	257

La Bégude de Mazenc - Salles sous Bois (Grillon 18 km)
Sortie du village par D9 direction Taulignan. On longe l'auberge restaurant du Jabron
Tourner à gauche rapidement : direction Aleyrac par chemin

- Les mourettes alt 220m direction Aleyrac : 5,9 km

Le sentier va ensuite monter assez fortement, il sera presque constamment ombragé. Cailloux.
L'utilisation des bâtons de marche sera utile.

- Fort Barrau 230m
- La plaine du loup 440m Aleyrac 3,7km

Suivre le chemin à travers la forêt de chênes pubescents, (bois utilisé pour le chauffage et les fours de potiers nombreux dans la région)

- La grande pigne 404m Aleyrac 2,1km

On rejoint la D9 sur quelques centaines de mètres.
Couper par le hameau d'Aleyrac. Petite chapelle Saint François de Sales. Point d'eau à la mairie.
Continuer en montant à gauche le chemin puis rejoindre la D9 quelques centaines de mètres jusqu'au col d'Aleyrac (Eglise)

- sur votre droite, panneaux col d'Aleyrac et « Citerne de la montagne » à 1,8km. Arriver sur le parking. Prendre le premier chemin qui part en montant légèrement sur votre gauche.

Le suivre pendant 1,4km. Au panneau « Citerne 400m » prendre à gauche, une large piste qui descend.

- D9. Continuer en face jusqu'au village de Salles sous-bois.

Chambres d'hôtes
Chez Yvette: 04 75 53 59 77

Café restaurant de la Marguerite.
Fermé le mercredi soir et jeudi toute la journée.

SALLES SOUS BOIS - GRILLON

Dist.	Dist. cum.	Altim
8	521	185

• entrée du village, après virage à droite : chemin des Galiches, sur votre gauche.
• arrivés à la fin de la route, passer un petit pont et prendre à droite puis tout de suite à gauche un sentier dans la végétation, montant légèrement. Balisage : circuit vélo 5.
Ce sera toujours tout droit. On y a rencontré une biche.
• D14 : en face, chemin des roches
Toujours droit, ne pas prendre d'embranchement sur la gauche. Traversée de truffières.
• domaine de Bramard. Descendre à gauche. En bas, dans virage angle droit vers la gauche :
Passage du gué sur votre droite. Suivre la route jusqu'à Grillon. Arrêt en cours Mas du Silot. Nous avons testé. Confortable. Piscine. Restauration (petit-déjeuner, repas). Souvent complet le week-end pour accueil de groupes. Un peu cher néanmoins car il faut rajouter les draps (en papier).
• Arrivée sur le gîte du mas du Silot : choisir le chemin de droite, plus calme. Arrivée à Grillon.
Plusieurs restaurants et commerces. Pas toujours ouverts

Pour dormir:
on a aimé **le gîte de la Magnanerie:** 06 73 79 35 47
avec piscine. Avant d'arriver à la D941, sur votre droite.

Gîte du Vieux Chêne: 06 25 01 13 06

Restaurants:
La truffe noire: 04 90 62 27 54
et bar sur la place e l'église.

Restaurant gastronomique sur la route de Grignan si vous êtes amateur de truffe. **L'auberge des Papes:** 04 90 37 43 67
C'est quand même le pays.

En cas d'urgence: distributeur de pizzas sur la route de Valréas!

Vous pouvez aussi choisir le tourisme et passer par Grignan où vous trouverez de plus nombreuses possibilités d'hébergement, d'alimentation, de restauration, pharmacie et autres. La ville quoi. Et un château magnifique.
Pour cela, après Salles sous Bois, vous rencontrerez la D14 et la suivrez vers la droite environ 2km jusqu'à un chemin de petite randonnée sur votre droite et qui vous amènera jusqu'à Grignan. Vous repartirez par la D541 pour rejoindre le chemin à Grillon.
Valréas offre aussi davantage de possibilités de commerces, restauration, hébergements, si vous ne trouvez pas à Grillon.

GRILLON - VISAN

Dist.	Dist. cum.	Altim
9,5	530	182

Traverser le village de Grillon, par la gauche de l'église, passer Poste et Mairie, une boulangerie dans une rue à droite, école, vers Richerenches.

• Prendre à gauche : chemin de Visan.

Toujours tout droit, plein sud.

• D18

Prendre en face, au bout du champ, monter le petit talus, aller en face, balisage jaune, passage d'un ruisseau (on peut mouiller un peu ses chaussures selon la saison. Le chemin passe dans la végétation mais existe. Se diriger vers le sud avec confiance)

• D142

Château Vert, Palumiane

• D976

Prendre cette route sur votre droite. Il peut y avoir un peu de trafic. Courage!

Arrivée à Visan.

Vous pouvez choisir d'aller par la gauche pour accéder au vieux village. Sinon, prenez ce boulevard (bruyant et passant) qui vous proposera boulangeries, pharmacie, café, alimentation, et même un hôtel:

Hôtel du Midi: 04 90 41 90 05

Chambres à partir de 60€ pour une personne, 70 pour deux.

Marché fruits et légumes le vendredi matin.

Pour le bruit sur ce boulevard, on est content de quitter Visan, via la D20.

VISAN - BUISSON

Dist.	Dist. cum.	Altim
6	536	212

Sortie de Visan via la D20
• Chemin de Saint Romain à droite puis chemin à dte.
Ça va monter un peu.
La Plantade alt 177m Buisson 6,2km
• Monnier alt 220m Buisson 5km
Un fléchage vers Buisson y est proposé. Suivez-le. S'il ne correspond plus au balisage, c'est que le trajet initial a un peu changé au-delà avec un chemin devenu privé.
Direction Buisson Combauche
• D20 Combauche
Prendre D20 sur la droite.
• La grande Auzière. Prendre à gauche le chemin de la Grande Auzière
• D94
Prendre D94 à gauche jusqu'au rond-point
#Rond pont : à droite direction Buisson
Pont pour la traversée de l'Aygues
Après le pont, prendre sentier à gauche « centre village » Buisson .
Belle montée vers le village.

Depuis peu, ouverture du
Bistro de Buisson: 04 90 62 99 01.
Bar et restaurant. Parfois sur la place du village.
C'est parfait. On l'attendait !

Restaurant avant le pont sur l'Aygues. En saison.

BUISSON - VAISON LA ROMAINE

Dist.	Dist. cum.	Altim
8,5	545	198

Prendre rue à dte. Descendre. La rue tourne vers la gauche. Au point bas, prendre à dte. Chemin de Fontvieille. Chemin d'Argelier.

- ND Basse 0,5km à dte. Route avec montée raide
- ND Basse alt 235m : direction « Le devès » et « Villedieu »

Vous pouvez vous rendre pour une petite halte à la chapelle, sur votre gauche

- Après ND d'Argelier, prendre à dte. Puis à gauche
- D7. Prendre à droite.
- deuxième à gauche : chemin balisé

Le Buissillon. La Tulisse. Maraudy 3,6km

Environ 4km jusque entrée dans Vaison la Romaine. Petite montée.

Arrivée devant la cathédrale.

En prenant le boulevard après la cathédrale, sur la gauche, vous montez jusqu'au centre-ville. Vous aurez à votre gauche l'accès aux vestiges romains.

Vaison vous proposera tous les commerces et le couchage. Nombreuses possibilités via les sites habituels.

Pour dormir, en centre-ville, à deux pas du pont Romain, on a bien aimé un **grand studio** confortable avec ce qu'il faut pour la cuisine: 06 59 80 57 40

Ou bien **le Moulin de César:** 04 90 36 52 20

Centre de vacances avec piscine et repas possibles.

Louer les draps et serviettes.

Chez Rose-Marie (B&B): à partir de 77€/2

Hôtel Burrhus: 04 90 36 00 11 à partir de 85€

Si Vaison est le terme de votre chemin pour cette fois-ci, vous rejoindrez l'arrêt de bus à quelques minutes à pied du Moulin de César pour vous amener à Carpentras (train pour Avignon)

Côté restaurant:
Du'o (O'Grill): 04 90 28 84 08
Un coup de cœur du chemin. Non, LE coup de cœur !
le cadre, d'abord avec une terrasse avec vue impressionnante, une carte alléchante et originale, une très belle carte des vins, un personnel sérieux et efficace. Et pas hors de prix du tout.
Il faut impérativement réserver bien à l'avance.

Le restaurant de l'hôtel Le Beffroi: 04 90 36 52 78
www.le-beffroi.com.
Lui aussi avec une terrasse, plus végétale, un peu plus haute. Cuisine provençale. D'avril à octobre.

Camping Le Carpe Diem: 04 90 36 02 02
route de St Marcellin:

V

De Vaison la Romaine à Aix en Provence

VAISON LA ROMAINE - BEAUMES DE V. par Gigondas

Dist.	Dist. cum.	Altim
23,5	569	127

Variante Ouest. Plus longue. Départ Pont Romain.
Suivre D977 (Un départ est possible depuis la Haute Ville GPR tour des Dentelles de Montmirail, jusqu'à Sainte Catherine, mais un peu plus long. Pour ceux qui voudront absolument éviter la sortie de ville par D977 sur 1,5km)
• dans grande courbe à dte : Les Roussillons. Circuit vélo.
A gauche : Sainte Catherine • Pied Servié 3,3km
Piste large montante. Maison forestière Roman et ball trap.
• Royère Barde. A gauche. Les Planes. GR4
• Les Planes at 453m, GR4 : La grande Montagne 0,8
• La Grande Montagne alt 495m, GR4
Monastère de Prébayon : 0,7. Sentier étroit descendant.
Ruines du monastère fondé par une proche de Sainte Radegonde. Alt : 400m
Ne pas passer sur le pont mais, à sa droite, prendre le chemin longeant le ruisseau, direction Côte Chaude.
• Dindoulette alt 290m. A gauche, vers Sablet.
• suivre 1km, dans virage serré à dte, prendre à gauche, sentier vers Le mas de Lencieu. GPR Tour des Dentelles de Montmirail.
Mas de Lencieu : alt 278m • D229
A: prendre le chemin en face jusqu'à Gigondas si étape au gîte. Tél: 04 90 65 80 85 / 06 10 26 98 33
B: éviter Gigondas (restaurants, pas d'alimentation)
Suivre à G la D229 : La Fouille, Roux, Col du Cayron.
• à dte, vers col d'Alsau. Tour sarrasine.
• Sourias : à gauche : Beaumes de Venise 3,5 km
• à droite en descendant dans les vignes, direction sud.
Chemin de Duran
• A: en face : par chemin de falaise. Faisable mais raide.
: à droite par ND d'Aubune (Gîte d'étape)
: à gauche : chemin le plus facile vers centre-ville (on peut couper par les vignes un peu avant)
Arrivée à Beaumes.

VAISON LA ROMAINE - BEAUMES DE V. Variante est

Dist.	Dist. cum.	Altim
17,5	563	127

Variante Est, un peu plus courte, avec départ en ville haute
Entrée dans la ville haute après montée, continuer tout droit. Prendre à gauche vers les parkings. Suivre.
Frégoulières: le Crestet. Puis tout droit.
Attention: dans un virage à dte, la route vous amène vers une propriété privée. Prendre en face le petit chemin caillouteux montant sous les arbres, avant le virage. Balisage existant. Jaune et rouge. Serre Long, Coste Belle Nord, Coste belle Sud, Laquet, La Verrière,
• GR4, si on le prend à dte, on retrouve le merveilleux monastère de Prébayon.1.7km.
Prendre à gauche vers Cyprès des évêques.
Prendre à dte, un chemin, à l'ombre le matin sous la crète de saint Amand. Magnifique vue sur les Dentelles.
Les Pradas.
Château Neuf Redortier: rentrer dans le hameau vers la droite, et lâcher la route qui tourne à gauche pour un chemin à droite, vers des maisons. (balisage LSB et VTT Grande traversée du Vaucluse). Le Collet, chapelle Saint Christophe.
Lafare. Point d'eau. Gîte d'étape. D90.
Bistro de Lafare: 04 90 28 19 44
En sortant du village (restaurant sur votre gauche), prendre une petite route qui part sur votre droite avant le ruisseau et le virage à droite. On le suit 1 km avant de retrouver la D90 jusqu'à Beaumes. 2km. Arrivée centre-ville Beaumes de Venise
Des possibilités d'hébergement pour la nuit. On a aimé **un studio** grand et confortable dans la ville haute: 06 30 86 08 95
Plus simple: **Camille** (airbnb) appartement partagé, 2 chambres. 35€/€ 45€/2 pour deux
Restaurants
(**la table des Balmes:** 04 90 46 58 98 près de l'église
Auberge Saint Roch: route de Caromb.
Boulangeries, bars, glacier.

Le monastère de Prébayon

Fondé en 611 par Germilie, parente de sainte Radegonde, femme de Clotaire1er, sous la règle de Saint Benoit, le monastère fut détruit par les Sarrazins vers 787, puis inondé en 962 par la crue du ruisseau du Trignon. Aujourd'hui il ne reste que quelques pierres des anciens bâtiments ainsi que le pont sur la rivière, mais ce lieu est encore chargé et ne laisse pas le promeneur indifférent à la paix et la sérénité qui s'en dégagent. Les ruines sont situées en contrebas du GR.

Pour y accéder facilement : prendre la variante ouest et suivre le GR4. Bien guetter sur votre carte le début du chemin, avant La Verrière.

Vous pourrez continuer votre route ensuite en remontant vers le GR4 et rattraper La Verrière et la variante Est.

BEAUMES DE VENISE - CARPENTRAS

Dist.	Dist. cum.	Altim
10	573	109

Prendre route de Caromb. Tout droit (laisser la route d'Aubignan à droite)
Chapelle Saint Roch D222
En haut d'une petite côte et virage à gauche, prendre à dte
• Chemin du Coulinet.
Toujours tout droit, direction sud jusque Carpentras (D950)
• fourche : prendre chemin de la Mayolle, puis toujours tout droit.
Chemin de Saint Sauveur
Petit pont sur canal
• D55. Continuer en face : chemin des Peupliers
Chemin des serres
• à gauche puis à droite après le pont.
Chemin de Saint Roch
• arrivée Carpentras D950
Longer par la gauche jusque rond-point, traverser puis prendre à droite.
Arrivée vieille ville de Carpentras.

Variante:
Emprunter le chemin le long du canal (part à gauche dans un virage serré) 1km après avoir lâché la D222
Après une écluse (Saint Just), vous rejoindrez Saint Roch pour l'entrée à Carpentras.
Grande ville où vous trouverez tout le nécessaire
(biocop sur votre droite avant la vieille ville)

CARPENTRAS - PERNES LES FONTAINES

Dist.	Dist. cum.	Altim
7	600	94

Traverser le centre historique vers le sud tout droit. Commerces. Prendre direction Pernes les Fontaines. Passer le cimetière.
• à gauche : chemin de la Platane (avant boulangerie- Lidl)
• canal de Carpentras. Prendre à dte et suivre le canal. Sentier plat jusqu'à Pernes les Fontaines.
• D1
- Si temps sec en face jusqu'au viaduc.
Descendre pour traverser le gué puis chemin à dte vers village
- prendre à droite et suivre la route jusqu'au village.
Nombreux commerces, restaurants, fontaines.
On a aimé dormir **chez Brigitte et Jean:** 06 15 89 19 10
Couchage 2x2+1 possible. Piscine, vue magnifique.
40€ par personne avec petit-déjeuner
Gîte Lou Capely: 06 21 25 65 72.
66 chemin de l'argilouso. A partir de 60€.
D'autres possibilités via les sites.
Chez Fanny (airbnb): 61€/2. Cuisine.
Chez Gerry (airbnb): 82€/2
Chez Claire (airbnb): 84€/2
Chez Tani (airbnb): 169€/6

Plusieurs restaurants traditionnels ou thaï
La Margelle: 06 52 65 16 81
Dame l'Oie: 04 90 61 62 43
Café de la place: 04 90 61 32 80
La pausePizza: 04 86 38 21 35

Des commerces d'alimentation.
Des boulangeries qui ouvrent très tôt le matin.

Camping Les Fontaines: 04 90 46 82 55
chemin des Chapelettes
Camping municipal Coucourelle: 04 90 66 45 55
rue René Char

PERNES LES FONTAINES - LA ROQUE SUR PERNES

Dist.	Dist. cum.	Altim
6	606	270

Départ en haut de l'avenue du Barriot, à droite, passer le canal de Carpentras et prendre l'avenue René Char, D28 vers Saint Didier, puis à droite la route du château Landra. Rejoindre D121, suivre à droite jusqu'à La Roque sur Pernes.

+ Variante (tracé 1) : un peu plus long, en montée au début, mais très joli chemin :
Depuis l'avenue du Barriot (en haut du village), prendre à droite le chemin de Fontblanque

- Saint-Gilles alt 100m. Continuer tout droit en montant, chemin du Peyrard.
- Font de Granier alt 157m. Tout droit direction Fontaine de Barda et La Roque sur Pernes (4,1km)
- Fontaine de Barda alt 276m ; à gauche, direction La Roque sur Pernes.

Joli chemin surplombant Pernes. Gîtes pour chevaux.

- Les Rouvets alt 260m, à droite direction La Roque sur Pernes.

Chemin descendant dans la végétation et sous-bois.
Arrivée La Roque sur Pernes

Variante avec arrivée plus douce à La Roque sur Pernes:
A fontaine de Barda, continuer le chemin tout droit pour rattraper la petite route que vous prendrez à gauche et vous amènera en douceur jusqu'à LaRoque, en passant par le cimetière.

LA ROQUE SUR PERNES - ABBAYE DE SÉNANQUE

Dist.	Dist. cum.	Altim
11,5	618	379

Arrivée La Roque sur Pernes. Suivre à droite et en montant la route. Passage à gauche dans le village possible avec rue parallèle.
Montée dans D121
• Fontvielle alt 269m. prendre à droite le chemin qui descend en longeant la route ;
Direction Clapeyrouse (1,1km), Saumane, La Grange Neuve.
Chemin montant puis plat.
• D57. Clapeyrouse alt 364m. Magnifiques bories.
Direction La Grange Neuve. Saumane. Fraischamp.
Passage devant l'hôtel-restaurant La Grange Neuve. Très joli lieu mais deux nuits mini. Dommage. tél : 04 90 66 55 27
Contourner l'établissement par la gauche.
Prendre la large piste non balisée montant à droite.
+ une variante sera disponible pour passer par le joli petit hameau de Barbarenque, monuments à des fusillés de la Résistance.
• On rejoint le chemin GRP Tour des Monts de Vaucluse.
Le prendre sur la gauche (suivre le balisage)
• Bourguigne alt 514m, direction Rocher des 3 Luisants
Magnifique point de vue derrière vous sur la vallée du Rhône et le mont Ventoux.
• Rocher des 3 luisants alt 637m. Continuer en face vers Les 3 Luisants (0,4 km)
• Les 3 Luisants alt 662m. Point haut du parcours. Direction Sénanque (5,8km).
Piste large et descendante.
• La Pouraque : chemin balisé (rouge et blanc, GR6 GR97) vers l'abbaye de Sénanque (5km) que vous trouverez à gauche puis à droite en descendant. Attention, dans une clairière, le chemin continuera en prenant vers la gauche puis à droite, ce sera le chemin le moins large, donc le moins évident, mais balisé. Rester vigilant.

Pas de difficulté en suivant bien le balisage jusqu'à la merveilleuse abbaye de Sénanque. Des boissons fraîches et chaudes au distributeur de la porterie. L'abbaye ne propose pas de halte à la nuitée. Essayez ?
Si vous ne vous arrêtez pas à l'abbaye, le chemin vers Gordes se trouve au niveau du parking, sur votre gauche. Il est plus facile, moins raide, que si vous le prenez au niveau de l'abbaye.

ABBAYE DE SÉNANQUE - GORDES

Dist.	Dist. cum.	Altim
2	620	348

Pour quitter Sénanque, il y a un départ depuis l'arrière du chevet (Une curiosité : contrairement à la règle, l'église n'est pas bâtie sur un axe est-ouest : il n'y avait pas la place au creux de ce vallon)
Il est toutefois préférable de repartir du parking car la pente sera moins raide.
Le chemin vous fera surplomber les bâtiments : une vue magnifique !

Vous emprunterez la D77 sur quelques mètres puis retrouverez le chemin qui vous déposera, en passant entre d'extraordinaires murs de pierres sèches, en haut de Gordes. Là, vous y ferez LA photo ! En été, la police tente d'empêcher les voitures de s'arrêter pour fixer cette vue incroyable sur la ville.

Gordes, c'est magnifique, mais c'est un gros point noir du parcours pour y faire étape. Bien sûr, il y a l'hôtel « La Bastide » mais comptez près de mille euros la nuit. Autant ne pas dormir pour en profiter. Prix du luxe, de la situation inouïe, et de son succès dans une région de tourisme haut de gamme. Difficile de trouver une chambre bon marché. Nous sommes allés à 3km, vers Joucas **Le Mas Li Pitchoun**. Hameau Les Cortasses. De quoi préparer votre repas (sinon faire encore 2km pour un restaurant à Joucas). Comptez près de 90€ à trois. Vous aurez une petite piscine pour ce prix. Seul, c'est cher! A trois, c'est faisable. Réservez bien à l'avance. Tel: 07 83 84 63 98

Si vous avez de la réserve dans les mollets, vous pouvez tenter d'éviter Gordes et essayer les prix à Roussillon. Ou Bonnieux. Sinon, faire l'impasse pour Roussillon et passer par Goult

Camping des Sources: 04 90 72 12 72 48

GORDES - ROUSSILLON

Dist.	Dist. cum.	Altim
10	630	314

Pas de difficultés sur ce tronçon. Sauf l'arrivée montante à Roussillon. Le reste est plat ou en descente. Mais vous l'avez bien mérité !

Sortie de Gordes par la D2 que l'on retrouve en descendant au bas de la ville. Direction Roussillon

- Les soldats : prendre GR6 GR97 sur la gauche. 1,5km qui évitent de longer la route
- Les Grailles : prendre à droite et rejoindre la D2 et la suivre à gauche 200m.
- à droite : GR6 GR97 qui vous amène à Roussillon.

La montée au village de Roussillon est assez raide mais le village vaut la visite. N'hésitez pas à aller tout en haut du village, avec sa terrasse panoramique.

De nombreux cafés et restaurants. Voici un haut lieu du tourisme du Lubéron, alors, au mois d'août, les rues seront bondées dès le milieu de matinée. Tant pis, il faut voir. Si vous êtes partis très tôt de Gordes, c'est jouable. A, Roussillon, votre sac à dos vous fera peut-être réfléchir à deux fois pour le circuit touristique (payant) des Ocres. Question de courage, mais ces murs de pierre ocre sont splendides. La sagesse vous proposera d'y revenir dans d'autres circonstances.

En quittant Roussillon, vous trouverez de quoi vous ravitailler : boulanger, boucher traiteur (on a adoré sa salade de pâtes !) et une supérette. De quoi tenir jusqu'à la prochaine étape.

Il y a des possibilités de logements sur les différents sites mais c'est cher. A vous de voir...

ROUSSILLON - BONNIEUX

Dist.	Dist. cum.	Altim
10	640	333

En descendant, virage long à gauche, laisser au début la route de Goult.

- Au niveau des parkings, prendre à droite. D149, vers Roussillon.
- Les Devaux alt 286m. Avant un virage à droite, le chemin part sur votre gauche, débutant par un escalier. C'est raide mais bref. Un joli chemin part sur votre droite. Le suivre (balisage)
- D108 Les Huguets Suivre la route.
- N100, la célèbre Via Domitia. Dirigez-vous vers le Pont Julien que vous traverserez. Aire de repos pour les usagers de la voie cycliste.
- Prendre à droite la D108, puis à 250m, prendre la première route à gauche : chemin du four.

Suivez-le jusqu'à Bonnieux. Vous admirerez le village de Lacoste sur votre droite.

Ces magnifiques villages du Lubéron ont eu la mauvaise idée d'aller se percher sur la montagne. Il faudra monter pour accéder à Bonnieux.

En arrivant sur la D36, selon l'endroit où vous allez: petit chemin végétal en face qui vous amènera par le nord au centre-ville.

Sinon, suivre la route à droite puis première à gauche. Arrivée en ville mais vous amènera plus facilement au **camping écolo Le vallon**. **Restaurants, bars, hôtels, restauration**.

Nous sommes toujours dans le Lubéron, les haltes peuvent être onéreuses. Vous avez toutefois deux possibilités bon marché : un **gîte sur la route de Ménerbes**, à 1,5km (04 90 75 88 42 ou 06 72 04 12 79).

Nous avons essayé **le camping Le Vallon:** 04 90 75 86 14 (bien indiqué) qui offre un accueil à la nuit en dortoir, et pour 15€. Bâtiment tout neuf, propreté impeccable, 8 lits très confortables. Possibilité de préparer son repas. Frigo à disposition. Location de draps à usage unique ou lavables (5 et 10 €). Petite épicerie. Franchement, c'est très bien.

Deux autres avantages: une piscine d'eau de source, et puis vous êtes exactement sur le chemin.
Comme à Gordes et à Roussillon, les logements via sites existent mais sont souvent un peu chers.
Chez Flavie (50€ airbnb). A l'extérieur du village.
Chez Béatrice: 123€/2 avec piscine

Hôtel restaurant panoramique César: 04 90 75 96 35
place de la Liberté.
A partir de 97€ pour deux. 132€/3, 152€/4.

A Lacoste, superbe village, à 2,9km:
Café de France: 04 90 75 82 25
77€/2 pers. 14 rue sous Barri. Restaurant.

BONNIEUX - LOURMARIN par GR7

Dist.	Dist. cum.	Altim
11	651	212

Bonnieux - Lourmarin - Cadenet - 17 km

Vous avez plusieurs déclinaisons possibles pour rejoindre Lourmarin depuis le camping du Vallon.
+ Suivre le chemin qui rejoint le GR 97 qui vous emmène jusqu'à Lourmarin. C'est beau et un peu plus sportif. On monte à 592m.
+ Nous avons opté pour un chemin plus facile, montant moins haut mais rejoignant la D943, la route Bonnieux-Lourmarin, que l'on suivra 4km. À éviter furieusement l'été. Recommandé si orages ou risque de feux de forêts.
Suivre le chemin qui monte depuis le camping
• La Garenne alt 435m; prendre petite route à droite qui monte doucement et tournera à gauche.
• Chambarelle alt 510m: direction Les Crests
• Les Crests alt 523m: direction Bertet
• Bertet alt 521m: direction Gest (1,3km)
• Gest alt 455m: direction Le gué du Val du Loup (2,1km)
• D943. La suivre sur la droite jusqu'à Lourmarin.
Attention peu ou pas de bas-côté.

Arrivée à Lourmarin. Village touristique très prisé du Lubéron. Les restaurants sont pris d'assaut
Un conseil: à la sortie de Lourmarin, en direction de Cadenet et Aix: **un restaurant et une boulangerie-snacking**.
Vous êtes sauvés!

Pour dormir, poussez jusqu'à Cadenet.
Tout est très cher à Lourmarin.

LOURMARIN - CADENET

Dist.	Dist. cum.	Altim
3	654	181

Continuer la route (après une visite de ce très beau village) en direction de Cadenet.

• Après le Domaine Les Gardis, prendre le chemin balisé sur votre gauche, jusqu'à Cadenet, arrivée par le haut du village. En cas d'orage, éviter ce chemin car il peut devenir un petit ruisseau qui trempera vos chaussures.

Restaurant, boulangerie dans le bas du village en direction de La Roque d'Anthéron et Puy Sainte Réparade. Il y a une gare routière (bus pour Aix)

Plusieurs possibilités de couchage sur sites

Nous, on a aimé une jolie chambre en ville, pour deux:

chez Carlotta: 07 81 31 31 01

Un **camping** existe près de la Durance (Val de Durance).

Vous pouvez passer par là pour aller jusqu'à la Durance: la route jusqu'au pont est assez infernale.

Restaurant La source: 04 90 08 57 66

3 rue Hoche

CADENET - ROGNES

Dist.	Dist. cum.	Altim
12	665	317

Pas drôle la sortie de Cadenet jusqu'à la Durance: voitures et camions dont vous ne supporterez plus le bruit après le calme de tous ces chemins parcourus. Passez par le camping Val de Durance, longez la Durance et traversez le pont.

Après le pont, prendre à droite. Il faudra traverser la D561 et prendre la direction de Rognes.
Si le cœur vous en dit, vous êtes à 3km de l'abbaye de Silvacane et 4,5 km de la Roque d'Anthéron.
Vous allez longer le bassin de Saint Christophe. Avant un grand virage à dte, prenez le chemin forestier en face, sous les arbres. Il vous amènera en douceur vers Rognes.
A la Fontaine du Roy, prendre la D66 à droite.
Montez à Rognes.

En centre-ville: **bar, restaurants, alimentation, boulangerie**.
Si vous continuez votre chemin en évitant le village, vous trouverez une **boulangerie** sur votre droite.
Passez la chapelle Saint Denis en direction d'Aix.

ROGNES - PUYRICARD - AIX EN PROVENCE

Dist.	Dist. cum.	Altim
19,5	685	219

Sortir de Rognes en direction d'Aix. Après le cimetière (sur votre droite), un grand rond-point. Prenez à gauche puis une route à droite (D14).
Maintenant vous avez Aix en Provence en ligne de mire mais le chemin pour y arriver n'est pas drôle. Un peu de voitures, bas-côtés étroits (aller dans les champs si la saison le permet). Près de 8km. Pensez que demain ça ira mieux et que vous serez dans la sainte Victoire, et si près maintenant de la Sainte Baume!
Accéder à Puyricard par le chemin de la Simone, à droite. Merci Simone pour ce moment de calme. Avant les derniers kilomètres vers Aix. Allez vers l'église pour trouver de quoi vous rafraîchir ou vous nourrir.
Pour Aix: deux possibilités. Y en a-t-il une meilleure que l'autre ?

Soit: A la Glacière, suivre la D14a et arrivez à l'oppidum d'Entremont puis centre-ville (chance: des voies piétonnes et cyclistes dur la fin)

Soit: Dans Puyricard, prendre à gauche (l'église et le centre seront à droite) la D14b puis D14. Passez la voie ferrée.
Après LaChesneraie, prendre à gauche puis à droite. Ensuite, c'est tout droit jusqu'au centre-ville, la cathédrale, la place de l'Hôtel de Ville. Des centaines de terrasses vous accueilleront pour vous rafraîchir, vous restaurer. Aix est une ville magnifique, profitez-en bien. Après une journée de marche peu agréable.

IV

De Aix en Provence à La Sainte Baume

AIX EN PROVENCE - PUYLOUBIER

Dist.	Dist. cum.	Altim
24	709	358

Joli départ d'Aix, rapidement sous les pins en direction du lac Zola et au pied de la Sainte Victoire que vous allez suivre sur son versant sud.
Le chemin proposé via le refuge de Cézanne grimpe un peu mais la nature est belle et sauvage.
Vous pouvez toujours interrompre et redescendre vers la D17 (chemin jaquaire).
Sur votre gauche avant le village, il y a un chemin vers l'ermitage de Saint Cer, lieu sublime et paisible.

Vous trouverez un gîte au village
(voir avec la mairie: 04 42 66 34 45)
Chic et cher mais exceptionnel:
le relais de Saint Cer (145€/2) avec bonne table et piscine.
Si vous avez bien géré votre bourse depuis le début.

Lou Ribas: 04 42 66 32 19
Avenue des Fourches. A partir de 69€/2 pers. Piscine.
Deux chambres doubles.

Camping : Chemin Philippe Noclercq.
Dortoirs mixtes 60€/4 et
un mobile home avec deux chambres pour 6 ou 4: 90€

Variante: Peu après le départ d'Aix, les plus sportifs pourront s'essayer au chemin de crête via le GR9 que vous pourrez rejoindre via le lac de Bimont et Saint Marc Jaumegarde. Vous le suivrez jusqu'à Puyloubier. Panorama exceptionnel comme récompense! Bien sûr, vue sur la Sainte Baume qui n'aura jamais été aussi proche.

PUYLOUBIER - SAINT-MAXIMIN Variante

Dist.	Dist. cum.	Altim
21	730	296

De Puyloubier, vous pouvez choisir d'aller directement vers la ville de Saint-Maximin la Sainte Baume. Le chemin est facile. On approche du lieu même où auraient reposé les restes de la sainte, en compagnie de ceux de Maximin. Chemin de Saint Jacques (chemin de Rome).
Pour logements et autres:
Office du tourisme: 04 94 59 25 89
liste de gîtes de groupes à Ollières, Plan d'Aups,

Gîte d'étape pour pèlerins:
Philippe Blanc: 06 86 72 01 08 blancphilippe6@gmail.com
Moniales de Saint Maximin: 04 94 78 04 71 domaine Le Defends

L'orée du Bois: 06 11 57 64 01 de 35€ à 77€.
Chemin du Claret. Site: loree-du-bois.net
Ibis Budget: chambres à partir de 76€ pour 2 et 3 personnes, à 115€ pour 4
Hôtel de France: avenue Albert 1er. Grand confort. 82€/2
L'Annexe Plaisance (booking): place Malherbe. À partir de 70€/2
Chez Stéphane et Valérie (booking): 2km du centre.
A partir de 82€/2

Moins cher sur le site airbnb et avec de nombreuses possibilités comme:
Chez Marie : 60€/2. Cuisine. Piscine.
Camping Le Provençal: 04 94 78 16 97
1866 route de Mazauges. D'avril à septembre.

A Ollières: entre Pourrières et Ollières, à 6km de Saint-Maximin:
Domaine les terres de Saint Hilaire (gites.fr ou booking):
à partir de 48€/2. cuisine. Piscine.

Informations
sur la basilique

SAINT-MAXIMIN - SAINTE BAUME par Rougiers

Dist.	Dist. cum.	Altim
22	752	672

Cet itinéraire permet d'éviter la montée difficile par le chemin des rois. L'arrivée à la Sainte Baume en provenance d'Aix via Saint Maximin est plus facile.
Vous ferez donc étape à Saint Maximin avant de vous rendre au bout de ce chemin. Ce sera aussi le chemin du retour si vous rentrez et choisissez de ne pas poursuivre jusqu'à Saint-Michel du Var.
Accueil Sainte Baume: page 123

Marie-Madeleine version Da Vinci Code ?

Arrivant à Saint Maximin, peut-être est-ce l'occasion de parler de Marie-Madeleine version DaVinci Code.
Alors, Myriam de Magdala fut-elle vraiment la maîtresse de Jésus, voire même son épouse cachée?
Certes, celle qui est présentée parfois comme une prostituée, aurait pu aisément séduire un beau jeune homme charismatique, puisque fille facile pour certains et connaissant donc bien les hommes. Pourquoi non?
Et pourquoi oui?
Aucun des textes ne l'évoque et pourquoi envisager l'existence de textes cachés?
L'histoire manque-t-elle de sel ?
Une épouse secrète alors ?
Si Jésus avait été marié, pourquoi, à cette époque, aurait-on tenu à le cacher ?
Aucun intérêt, nulle nécessité. Peut-être pour l'Église romaine, souvent gênée par le féminin, mais le célibat des prêtres fut instauré bien des siècles plus tard et ne concerne que cette Église, pas le christianisme en général. Les textes déjà écrits étaient bien connus et étudiés par des générations d'exégètes qui n'avaient aucun état d'âme avec le mariage.
Un des arguments évoqués est que Jésus était appelé rabbi et qu'un rabbin devait être marié à vingt-cinq ans. Non, objection ! Du temps du Christ, cette règle n'existait pas encore et fut décidée elle aussi plus tard. A l'époque, on appelait rabbi pas seulement les rabbins mais tous ceux qui connaissaient les Écritures et savaient en parler en public. Ce qui était le cas de Jésus. Oui Myriam aimait Jésus, son rabbouni. Elle l'a tellement aimé qu'elle a épousé sa parole, elle qui a reçu la meilleure part de son enseignement, elle qui a été choisie par son maître, son rabbouni, son maître bien aimé, pour proclamer sa

résurrection, sa victoire sur la mort. L'histoire est déjà si belle ainsi, pourquoi en rajouter ?

De nombreux livres existent sur Marie-Madeleine. Jean-Yves Leloup en a écrit plusieurs et il est bon d'aller à la rencontre de ce personnage tout à la fois complexe et si important dans le christianisme. Présenter Myriam seulement comme une fille facile, possédée par les démons, ne correspond pas à la réalité et nous prive d'une lecture fine et profonde de ce qu'est le christianisme et sa spiritualité et de la place majeure donnée aux femmes par son intermédiaire.

Fresque du monastère Saint Michel du Var

PUYLOUBIER - TRETS

Dist.	Dist. cum.	Altim
11	723	264

Au tour de France cycliste, on appellerait cela une étape de transition. Rien de particulier et aucune difficulté.
On suit le chemin jusqu'au petit village de Trets où on sera ravi de se rafraîchir en cas de forte chaleur.

Restauration possible et **couchage** si vous avez fait l'impasse sur Puyloubier.
Plusieurs possibilités sur les sites en ligne.

Par exemple:
La Vie Est Belle, Chambre privée dans une villa (airbnb)
5 Résidence Lotissement les Audrics.
65€/2

Studio (booking):
Chemin des Bonnets. Quartier de la Blaque.
A partir de 98€/2.

Jean Cassien, un saint de Provence venu d'Orient

En sortant de Trets, le chemin vous mène au vieil ermitage de Saint Jean du Puy, fondé par saint Jean Cassien au V°s, partiellement détruit lors des invasions du IX°s puis reconstruit au X°s. La communauté religieuse qui y était installée a aménagé les terrains attenants en restanques afin de produire de quoi subvenir à ses besoins
Comme Myriam de Magdala, Jean Cassien est une figure majeure de la spiritualité chrétienne provençale. Par lui, les monastères d'Égypte et du Levant vinrent essaimer en Gaule, et à partir de ces lieux, naquirent des évêques lumineux, comme Hilaire d'Arles, Loup de Troyes, Vénérius de Marseille, Ruricius de Narbonne. Ils rappelèrent que le christianisme était né en Orient et s'en était nourri. De culture grecque, l'influence d'Origène et tout particulièrement d'Evagre le Pontique, penseur controversé qu'il rencontra dans le désert de Nitrie, fut constante tout au long de sa vie. Cependant, il prévint toute dérive solitaire spiritualiste par la pratique et l'expression communautaires de la foi.

La fin de sa vie fut vouée au silence, à la prière et à la contemplation, refusant désormais de se mêler aux controverses et aux disputes. Sa réfutation de l'adoptianisme en 430 fut sa dernière victoire. Le jeune moine était enfin exaucé. Il mourut probablement vers 435. On lui doit l'abbaye Saint Victor de Marseille.

En 529, le Concile d'Orange donna raison à Augustin et renia le semi-pélagianisme, voie de la sagesse gauloise. La pensée latine allait pouvoir s'imposer durablement.

Nous le fêtons le 23 juillet.

(cf « Saints Gaulois et autres figures oubliées »)

TRETS - SAINT ZACHARIE

Dist.	Dist. cum.	Altim
10	733	273

De l'ermitage part un chemin dans la végétation et vous descendra jusqu'à Saint-Zacharie.
Attention: en plein cœur de l'été, une alerte rouge incendie peut faire fermer le massif et vous devrez emprunter la route.
Au village, vous pourrez vous désaltérer et déjeuner.
Ensuite, ce sera l'ultime montée.

Hostellerie de la Sambuc: 04 42 72 90 46
Chambres à partir de 62€.

Chez Julie (airbnb): 61€/2
Plusieurs autre possibilités sur cette plateforme mais plus cher.

Camping La Gantesse: 04 42 72 91 38

Chez Fany: 04 42 83 18 14 10
rue Jean-Jaurès.

Le mas des Oliviers: 04 42 72 97 17
avenue Frédéric Mistral
Réserver.

Bar des Sports et **Speedy pizza**

Boulangerie: la source des pains

SAINT-ZACHARIE - LA STE BAUME (chemin des rois)

Dist.	Dist. cum.	Altim
12	745	672

GÎTE

Pour l'arrivée à la Sainte Baume, terme de votre chemin, vous allez emprunter le mythique chemin des rois après avoir suivi le GR9 pour un parcours agréable le long de l'Huveaune. Départ de Saint-Zacharie par la rue Hoche, le boulodrome, le bvd de la Révolution, traversée de l'Huveaune, puis chemin le long de la rivière.
Le chemin des rois est une longue montée raide et caillouteuse par laquelle arrivaient les « rois » pèlerins de la Sainte Baume, en fait, davantage que des rois, des prélats, princes et « VIP » ecclésiastiques ou séculiers. Plaignons surtout leurs porteurs ! Non, ne rêvez pas, ces pèlerins-là venaient en chaise à porteurs! Arrivés en haut, la marche est douce jusqu'à l'hôtellerie de la Sainte Baume où il convient de réserver au préalable car des sessions, conférences ou pèlerinages y sont fréquents. Il existe quelques logements chez l'habitant à proximité.
Reposez vous et profitez d'une bonne nuit: demain, vous allez grimper à la grotte pour y vivre un moment unique de spiritualité. Si le marcheur pèlerin ne goûte pas beaucoup une spiritualité marquée de cette empreinte religieuse liée à la vénération de la sainte de Provence, il peut monter au Pilon, au sommet de la Sainte Baume et se voir offrir un merveilleux panorama, et, au-delà, dans ce que dame Nature contient de plus magique, une autre porte vers une spiritualité pure.

accueil@saintebaume.org
www.saintebaume.org
Tél: 04 42 04 54 84

LA SUITE ?

Alors, stop ? Ou encore?
Vous venez de parcourir un long périple, commencé dans l'Yonne, à Vézelay et vous voici rendu au bout de ce chemin, au cœur de la Provence. Vous avez traversé des paysages merveilleux et constaté à quel point la nature est belle, et tellement plus belle quand on la rencontre à pied.
Fort de toutes ces expériences, sensations, et souvenirs maintenant, l'heure est venue de rentrer à la maison pour retrouver son quotidien, sa famille peut-être, ses amis, un travail, des activités.
Pour cela, il faut regagner Saint Maximin où un car vous amènera à Aix en Provence (40mn) puis, le train vers votre lieu de résidence. Gare routière au lycée Janetti.
Ou bien vous avez encore du temps et vous souhaitez prolonger cette aventure vers un lieu paisible, au cœur de la garrigue provençale, pour un moment de repos, de méditation, pour certains, de prière pour d'autres.
Au monastère orthodoxe Saint Michel du Var, on vous accueille comme vous êtes, en toute liberté, pour un jour, une semaine, un mois…
Alors, si vous souhaitez prolonger encore ce chemin de découverte, direction le Var et la Dracénie, via Brignoles et Carcès.

LA SAINTE BAUME - SAINT MAXIMIN

Dist.	Dist. cum.
23	768

LA SAINTE BAUME - SAINT MICHEL DU VAR

Dist.	Dist. cum.
65	810

V

De La Sainte Baume à Saint Michel du Var

LA SAINTE BAUME - SAINT MAXIMIN

Dist.	Dist. cum.	Altim
23	768	296

De la Sainte Baume vers Saint Michel du Var, vous pouvez souhaiter passer par Saint Maximin, si vous êtes passé par le chemin des Rois à l'aller.
Soit vous repartirez ensuite de saint Maximin via Rougiers et Tourves pour Brignoles, soit vous prendrez un chemin direct de Saint-Maximin vers Carcès. Privilégiez si vous bivouaquez

SAINT MAXIMIN - LE VAL (BRIGNOLES)

Dist.	Dist. cum.	Altim
23	768	246

Dormir à Le Val:
Peu de possibilités et plutôt cher
Le clos des Oliviers, chez Alice (airbnb): 82€/2
B&B Brignoles (3km): 04 94 72 66 00
Rue François Louis Dufort.
73€/2 Tél:

Restaurants:
La fontaine: 04 94 80 75 18 place consul Debergue

Friterie: **La Jouberte**

LE VAL (BRIGNOLES) CARCES

Dist.	Dist. cum.	Altim
23	768	148

LA SAINTE BAUME - ROUGIERS

Dist.	Dist. cum.	Altim
12	757	371

Le chemin est facile et principalement en descente. Il est donc envisageable de faire une étape de 30km pour gagner Brignoles. Sinon, un arrêt est possible à Rougiers ou bien Tourves. Les possibilités de couchage ne sont pas légion.

Restaurants:
Le cercle de la jeune France: 07 49 21 81 59 - 2 Le Cours.
Pizzeria du stade: 06 34 08 07 38 chemin des Clos

Pour dormir:
Chez Christophe (airbnb): de 82€/2 à 112€/5
Chez Maeva (airbnb): de 85€/2 à 114€/5

ROUGIERS - TOURVES

Dist.	Dist. cum.	Altim
8	765	286

Tourves est un bourg plus important avec différents **commerces** et plusieurs **restaurants**

Gîte communal: 04 94 78 73 96
Chez Sandrine (airbnb): 78€/4
Clos St Jean Baptiste (booking) à partir de 73€. Piscine.
Thierry Fouris: 04 94 78 86 61

TOURVES - BRIGNOLES

Dist.	Dist. cum.	Altim
12	665	215

Brignoles, ancienne capitale des comtes de Provence, vous offre une étape agréable avec tout le nécessaire pour votre confort et la logistique du marcheur.

Arrivant de Tourves par un chemin calme bordant la voie ferrée et la route (passante), vous pourrez faire un petit détour par La Celle (au niveau du lieu dit Les Gaëtans). Ancienne abbaye (voir QRC)

L'Hôtellerie est une adresse gastronomique réputée avec des chambres de grand confort.

On a dormi **chez Fabrice** (airbnb, booking): studio sur petit jardin au calme, en ville. Avenue Frédéric Mistral. 50€/2

Chez Geoffrey (airbnb): 78€/4. Cuisine.
Chez Jérémy (airbnb): 78€/2 Cuisine
Ibis budget: 394 chemin des Adrets.
A partir de 67€/2, 79€/3 Tél: 04 94 69 19 29
Hôtel de Provence: Place du Palais de Justice. A partir de 71€
B&B Hôtel: 04 94 72 66 00. Rue François Louis Dufort. 73€/2

Vous trouverez des restaurants variés selon votre budget.
On a beaucoup aimé:
La craie des mets: 04 94 69 04 64
place du Palais de Justice

Au vieux pressoir: 04 49 14 47 25

BRIGNOLES - CARCÈS

Dist.	Dist. cum.	Altim
12	794	147

Joli village avec **commerces, bars et restaurants**.
Camping Les Fouguières: 04 94 59 96 28. Snack. Piscine
Chez Perseide (airbnb):
de 51€/2 à 111€/4. Piscine partagée. 80€/4 en yourte.
La cascade (booking): 58 avenue Ferrandin. 90€/2
Chez Sophie (airbnb): 61€/2
Chez Corinne (airbnb): 72€/2

CARCÈS - ENTRECASTEAUX

Dist.	Dist. cum.	Altim
8	802	240

On sort de Carcès par le chemin des Lones, en utilisant la passerelle qui traverse la rivière puis vous prendrez la direction du collège puis le vieux chemin vers Entrecasteaux
Une portion de route obligatoire vous amènera à l'entrée d'Entrecasteaux. Au cimetière, tournez à droite et traversez la rivière sur le magnifique pont Sainte Catherine.
Une côte raide vous amènera aux hauts du Défends, où une petite surprise vous attend.
Dormir à Entrecasteaux: 27km depuis Brignoles, c'est possible et permet d'arriver à Saint Michel du Var tôt.
T1 (booking): 4 rue de Lubac. Cuisine. 56€/1, 60€/2, 63€/3, 70€/4
Studio Village (booking): 54 rue du Portail.
De 70€/1 à 101/3 personnes. Petit-déjeuner compris.
Le Tempo: 55 Cours Gabriel Péri. 88€/2, 104€/3. Restaurant. Piscine. Tél: 33 4 94 04 16 42

Chapelle de la Transfiguration: Les hauts du Défens

Perdue dans la garrigue perchée sur une hauteur avec vue au loin sur le massif de la Sainte Baume, se niche une toute petite chapelle de style roman. Elle vous attend en haut d'une côte bien raide, dans un champs de terrasses d'oliviers. De l'extérieur en pierre sèche on ne distingue pas ce qui en fait un vrai bijou provençal. Au départ, simple cabanon, l'idée d'en faire une chapelle s'inspira de l'existence d'un merveilleux buis juste à l'entrée du cabanon. Un très vieux buis, au tronc large, noueux, tourmenté comme un bonzaï, gardien du lieu et symbole de la fête des Rameaux dans l'Occident chrétien... L'idée vînt d'elle-même (c'est toujours ainsi qu'elles semblent apparaître, mais nous, nous savons bien qu'elle venait de plus haut), d'une évidence si exaltante, si puissante et provoquant un tel engouement dans la famille du père Basile que les plans de la future chapelle furent réalisés presque aussi vite que l'idée avait germée...

Les travaux ont commencé en 2006. Grand esthète, père Basile a confié la réalisation des fresques à Vadim Garine, auteur des magnifiques fresques d'inspiration romane de l'église du monastère Saint Michel du Var.

Ici, l'inspiration est moderne et on reconnaît le style si personnel de Gustav Klimt. C'est à la fois étonnant et subjuguant de beauté. Un sublime petit autel de cristal de la main d'Olivier Juteau, maître verrier à Paris, ajoute à la magie du lieu et fait de cette chapelle un lieu unique pour accueillir un temps de prière, de méditation hors du temps.
Vous pourrez peut-être visiter en prenant rendez-vous avec le père Basile Cochin (perebasile@eof.fr ou 06 03 05 64 70)

ENTRECASTEAUX - MONASTÈRE ST-MICHEL DU VAR

Dist.	Dist. cum.	Altim
8	810	357

Chemin ombragé pour quitter la chapelle en direction du monastère Saint Michel. Vous rejoindrez le vieux chemin d'Entrecasteaux qui longe le mur de la belle propriété que vous trouverez à gauche dans une clairière. Un chemin en descente qui vous conduit à Pentone. Chemin forestier en sortant du village si vous souhaitez éviter le bitume de la petite route calme. Arrivée au château de Salgues puis La basse maure. Traversez le route et arrivez au monastère.

Blotti au milieu de la garrigue et sous les pins, rafraîchi par un étang poissonneux sur lequel veillent des cygnes, le monastère Saint Michel du Var est un véritable havre de paix et de sérénité. Une petite communauté monastique y vit depuis une quarantaine d'années, après avoir défriché ce petit vallon et construit ces bâtiments de style méditerranéen mais aussi cette superbe chapelle de bois de style russe.
Pèlerins et retraitants y sont accueillis toute l'année.
Les offices chantés sont célébrés tous les jours, hormis le lundi, journée de désert et de silence, et une liturgie le matin. Deux temps de méditation dans la journée. Libre à chacun de participer ou pas.
L'église est entièrement décorée par des fresques de style roman, œuvre de Vadim Garine.

MONASTÈRE SAINT-MICHEL DU VAR

GÎTE

Le monastère est dépositaire de reliques de Sainte Marie Madeleine.
Ce lieu spirituel est aussi un écosite sacré et la communauté y pratique la permaculture.

Maison Sainte Marthe: 04 94 73 12 40
(mardi et jeudi de 14h à 16h30 et samedi de 9h30 à 11h30)
mail: maisonsaintemarthe@eof.fr

Juste à côté du monastère, avant d'y arriver depuis Entrecasteaux, vous trouverez aussi un centre de séjour, en groupe ou individuel.
Centre CADE de la Basse-Maure: 04 94 73 71 41
www.cade-seminaire.fr
nuitée à partir de 30€, repas à partir de 15€.

Elle arrosa de ses larmes, car elle a beaucoup aimé, les pieds de celui qu'elle aime, les embrassait, les parfumait. Elle écoute la Parole, à ses pieds elle est assise, le Christ parle, elle fait silence. Pour Lazare enseveli, celle qui a tant aimé, elle supplie son bien-aimé, et Jésus le ressuscite car elle a beaucoup aimé. D'un parfum d'un très grand prix, celle qui a tant aimé embaume son Seigneur et de ce jour nous faisons mémoire. Au pied de la croix, fidèle, d'un baiser elle vénère le Bien-Aimé, car elle a beaucoup aimé. Près du tombeau, elle accourt, les deux anges la consolent, car elle a beaucoup aimé
C'est ton Maître qui t'appelle... Car tu as beaucoup aimé.»
Extrait d'un chant

MONASTÈRE - LES ARCS TGV

Dist.	Dist. cum.	Altim
19	829	70

Le chemin vers la gare des Arcs TGV vous offre votre dernière marche dans la garrigue provençale. Trains vers Toulon, Marseille ou Nice.

L'idée de ce chemin à travers la France est née d'un échange avec les moines des monastères de Saint-Dolay, Saint Thiébaut et Saint Michel du Var. L'un d'entre eux évoquait la création d'un chemin réunissant ces trois lieux emblématiques de l'orthodoxie occidentale. J'ai cru à des paroles en l'air. Quelques années se sont écoulées depuis mais l'idée a fait son chemin. L'initiateur s'en souvient-il seulement ? Les moines n'ont pas la même relation au temps mais ils savent semer des graines !...
Ce guide témoigne que cette discussion a produit un fruit. Projet un peu fou au départ (ne doit-on pas l'être pour passer outre le raisonnable ?), il a lentement pris forme au fil des aléas et des retards divers et variés. Moi-même, j'ai découvert à cette occasion le plaisir intense de marcher. Seul, à deux, en groupe: qu'importe puisque la relation avec la nature reste tout aussi merveilleuse.

Je tiens à remercier mon épouse et mes amis qui y ont cru, les premiers marcheurs à m'avoir accompagné:
Geneviève, Pascale, Joël, Éric, Thierry, Philippe, Franck. Mais aussi les inconnus croisés en chemin et qui m'ont encouragé à mener à bien ce projet, tous ceux qui, en manifestant leur enthousiasme, m'ont poussé pour avancer.
Ce chemin existe.
Son destin appartient maintenant à celui qui, en tentant cette aventure, en fera le sien et le gardera dans son cœur.

Olivier de Lagausie